स्टार्टअप आइडियाज

सफलता की कहानिया

BY

राजेश जैन द्वारा संकलित

ISBN 978-93-5458-155-7

Published in India 2021 by Pencil

A brand of

One Point Six Technologies Pvt. Ltd.

123, Building J2, Shram Seva Premises,

Wadala Truck Terminal, Wadala (E)

Mumbai 400037, Maharashtra, INDIA

E connect@thepencilapp.com

W www.thepencilapp.com

AUTHOR BIOGRAPHY

यह यादृच्छिक स्टार्ट अप विचारों का संग्रह है जो विभिन्न ऑनलाइन स्रोतों से एकत्र किए गए हैं। विशुद्ध रूप से इस अद्भुत मंच "पेंसिल" की उपयोगिता दिखाने के लिए एक प्रयास जो उपयोग करने में इतना आसान है कि हर कोई इसे बिना किसी मदद के उपयोग कर सकता है।

यह मंच इतने सारे प्रतिभाशाली लोगों के लिए अवसरों का एक आकाश खोलता है जो इस तरह के एक मंच के अनुपस्थित होने के कारण अपनी रचनात्मकता को प्रस्तुत नहीं कर सके।

This is a collection of random start up ideas which have been collected from various online sources. Its purely an attempt to explore this wonderful plaform which is so easy to use that everyone can use it without any support. This platform opens a sky of opportunities for so many talented people who couldn't present their creativity due to absenc of such a platform.

CONTENTS

ACKNOWLEDGEMENTS

इस पुस्तक की सभी कहानियाँ सार्वजनिक रूप से उपलब्ध ऑनलाइन प्लेटफ़ॉर्म से संकलित हैं। लेखकों और स्रोतों के संबंधित अधिकारों को स्वीकार किया जाता है। यह संग्रह केवल उपयोगकर्ताओं को विभिन्न स्टार्ट अप विचारों और संघर्ष से गुजरने की जानकारी के लिए है, जिससे लोगों को गुजरना पड़ा।

All stories in this book are compiled from online platforms publicly available. The respective rights of the authors and sources are acknowledged. This collection is only for information of users to get different start up ideas and the struggle through which the people had to go through.

स्टार्टअप की चमकी किस्मत

खेती-किसानी में तकनीक के इस्तेमाल वाली कंपनियों से लेकर AI पर काम करने वाली फर्मों ने खूब बनाया पैसा

मुश्किलें आपको कई मौके भी देती हैं। लॉकडाउन और कोरोना के मुश्किल भरे वक्त में नए कारोबार यानी स्टार्ट-अप को फलने-फू लने का मौका मिला। पिछले एव साल में हेल्थकेयर सेक्टर, स्मॉल एंड मीडियम साइज बिजनेस (SMB) और एग्रीटेक जैसे सेक्टर में बड़ी संख्या में स्टार्टअप आए।

ऑनलाइन पढ़ाई, फूड सप्लाई और वेस्ट मैनेजमेंट का काम करने वाले स्टार्टअप पिछले साल खूब चले। आर्टिफिशियल इंटेलीजेंस और डीप लर्निंग स्पेस में काम करने वाले स्टार्टअप के लिए पिछला साल शानदार रहा। दूसरी तरफ टूर एंड टूरिज्म जैसे फिजिकल कॉन्टैक्ट वाले सेक्टर के स्टार्टअप्स को बड़ा नुकसान हुआ।

कारोबार बदलकर आगे बढ़ीं

नीति आयोग के सपोर्ट वाले इनक्यूबेशन सेंटर AIC-RNTU फाउंडेशन के चीफ एग्जीक्यूटिव ऑफिसर रोनाल्ड फर्नांडीज के मुताबिक, पिछले एक साल में बंद होने वाले स्टार्टअप की संख्या मामूली रही है। असल में ज्यादातर स्टार्टअप ने कोविड-19 के चलते बने हालात में सर्वाइव करने के लिए अपना कारोबार बदल लिया।

उनके मुताबिक, सरकार की तरफ से स्टार्टअप्स को जीएसटी से लेकर इनकम टैक्स तक में छूट के तौर पर मदद मिल रही है। जहां तक दिक्कत की बात है तो टूर एंड टूरिज्म सेक्टर के स्टार्टअप को कोविड-19 के चलते लागू हुए लॉकडाउन के कारण नुकसान उठाना पड़ा।

डिजिटाइजेशन में ग्रोथ

बेंगलुरु की एक्सिलोर वेंचर्स के मुताबिक, लॉकडाउन के दौरान पिछले एक साल में हेल्थकेयर सेक्टर, स्मॉल एंड मीडियम साइज बिजनेस (SMB) और एग्रीटेक सेक्टर में बड़ी संख्या में स्टार्टअप आए। पिछले साल के दिलचस्प ट्रेंड में एक यह रहा कि कोविड -19 के दौरान बड़ी संख्या में एसएमबी ने डिजिटाइजेशन को अपनाया।

24 फरवरी 2021 तक उपलब्ध आंकड़ों के मुताबिक, डिपार्टमेंट फॉर द प्रमोशन ऑफ इंडस्ट्री एंड इंटरनल ट्रेड (DPIIT) की तरफ से मान्यता प्राप्त 44,534 स्टार्टअप हैं। गौरतलब है कि सरकार ने देश में आंत्रप्रेन्योरशिप और इनोवेशन को बढ़ावा देने के लिए 16 जनवरी 2016 को स्टार्टअप इंडिया शुरू किया था।

स्टार्टअप को कई तरह की राहत

मान्यता प्राप्त स्टार्टअप को टैक्स में छूट सहित कई तरह की सुविधाएं मिलती हैं। जनवरी 2021 तक 339 स्टार्टअप को इनकम टैक्स में छूट मिली थी। पेटेंट फाइलिंग फीस में 80% और ट्रेडमार्किंग फीस में 50% की रियायत मिलती है। DPIIT के पास रजिस्टर्ड स्टार्टअप को शेयरों की बिक्री के जरिए हासिल होने वाले निवेश पर 30% एंजेल टैक्स नहीं देना होता है।

स्टार्टअप को पेटेंट, ट्रेडमार्क या डिजाइन फाइल करने में मदद करने वाले फैसिलिटेटर का खर्च सरकार उठाती है। 28 फरवरी 2021 को 900 से ज्यादा फैसिलिटेटर सरकार के पास रजिस्टर्ड थे। सरकार की तरफ से जारी आंकड़ों के मुताबिक DPIIT के पास रजिस्टर्ड एग्जेम्पटेड स्टार्टअप की संख्या में 31 दिसंबर 2019 के मुकाबले 93.4% का उछाल आया है।

लोकलसर्किल्स के फाउंडर और चेयरमैन सचिन टापरिया के मुताबिक, 'देश में 10,000 से 12,000 एक्टिव स्टार्टअप हैं, जो कंपनी रजिस्ट्रार के पास नियमित रूप से डेटा जमा करा रहे हैं। ऐसे में एग्जेम्पटेड स्टार्टअप की संख्या एक साल में

1,900 से बढ़कर 3,600 से ज्यादा होना बहुत बड़ी बात है। अगले एक साल में एग्जेम्पटेड स्टार्टअप की संख्या बढ़कर 5,000-6,000 तक पहुंच सकती है।'

किस तरह की कंपनियां स्टार्टअप होती हैं?

1. कंपनी सात साल से ज्यादा पुरानी नहीं होनी चाहिए।

2. किसी भी साल 25 करोड़ से ज्यादा टर्नओवर नहीं होना चाहिए।

3. मकसद टेक्नोलॉजी बेस्ड नए प्रोडक्ट, प्रोसेस, सर्विस इनोवेट करना, डेवलप करना, लागू करना या उसको व्यावसायिक रूप से इस्तेमाल करना होना चाहिए।

4. पहले से चल रही किसी कंपनी के डिवीजन को अलग करके बनाई गई कं पनी नहीं होना चाहिए।

5. स्थापना के लिए अंतर मंत्रिमंडलीय समिति की मंजूरी होना जरूरी है।

6. प्राइवेट लिमिटेड कंपनी, पार्टनरशिप फर्म या लिमिटेड लायबिलिटी फर्म होना चाहिए।

स्टार्टअप को किस तरह की टैक्स छूट मिलती है?

1. पहले 1 अप्रैल 2016 से 31 मार्च 2021 तक शुरू हुए स्टार्टअप सात साल के पीरियड में प्रॉफिट पर तीन साल 100% टैक्स छूट ले सकते हैं।

2. 50 लाख रुपए तक के निवेश को लॉन्ग टर्म कै पिटल गेंस टैक्स से छूट मिलती है, अगर रकम को सरकार के बताए फंड में तीन साल के लिए लगाया जाता है।

3. फे यर वैल्यू से ज्यादा दाम पर शेयर बेचने से मिलने वाली रकम पर लगने वाले एंजेल टैक्स से छूट मिलती है।

4. पेटेंट फाइलिंग फीस में 80% और ट्रेडमार्किंग फीस में 50% की रियायत मिलती है।

किताब पब्लिश करने वाला प्लेटफॉर्म

मुफ्त में किताब पब्लिश करने वाला प्लेटफॉर्म; बिजनेस में सब कुछ गंवाने के बाद स्वरूप नंदा को आया ये कमाल का आइडिया

इंजीनियरिंग और MBA की पढ़ाई कर चुके स्वरूप नंदा ने 2010 में बिजनेस की शुरुआत की। उनकी पब्लिशिंग कंपनी लीड स्टार्ट को दो साल में ही सफलता का स्वाद लग गया। उत्साह में आकर स्वरूप ने 2013 में एक प्रोजेक्ट पर एकमुश्त 1.7 करोड़ रुपए लगा दिए। प्रोजेक्ट फेल हो गया और उनका घर तक बैंक ने अपने कब्जे में ले लिया। अगले तीन साल वो हर रात इसी सवाल के साथ सोए कि आखिर मुझसे क्या गलती हुई? उनकी विफलता ने आखिरकार रास्ता दिखाया और 2016 में 'पेंसिल' का आइडिया उनके दिमाग में आया।

आइडियाः मुफ्त में पब्लिश करवा सकते हैं अपनी किताब

ये एक वेबसाइट है जहां पर लोग अपनी किताबें मुफ्त में पब्लिश कर सकते हैं। इस प्लेटफॉर्म पर पब्लिश होते ही किताब ई-बुक और पेपरबैक फार्मेट में किंडल, अमेजन, फ्लिपकार्ट और गूगल प्ले जैसे दुनिया भर के सैकड़ों प्लेटफॉर्म तक पहुंच जाती है। जहां से इसे खरीदा जा सकता है।

पेंसिल के फाउंडर स्वरूप नंदा बताते हैं, 'हमारे प्लेटफॉर्म पर आपको किताब की पूरी इनसाइट मिलती है। मसलन कितने लोगों ने किताब पढ़ी, किस चैप्टर से छोड़कर चले गए, कहां पाठकों ने डिक्शनरी का इस्तेमाल किया। इन इनसाइट्स का इस्तेमाल करके लेखक अपनी किताब को ज्यादा रोचक बना सकता है।

स्टार्टः संदीपन का मिला साथ, गाड़ी चल पड़ी

स्वरूप के पास आइडिया तो दमदार था, लेकिन कोई तकनीकी जानकारी नहीं थी। उन्होंने स्टार्टअप कॉन्फ्रेंस में जाना शुरू किया। वहां वो लोगों से अपना आइडिया

शेयर करते थे। ऐसी ही एक कॉन्फ्रेंस में उनकी मुलाकात संदीपन चटोपाध्याय से हुई। वो Xelpmoc डिजाइन एंड टेक कंपनी चलाते हैं। उन्हें पेंसिल का आइडिया पसंद आया।

स्वरूप बताते हैं, 'संदीपन मुंबई के किसी फाइव स्टार होटल में ठहरे हुए थे। उस दिन अपना लैपटॉप मैं घर पर ही भूल गया था। एक पेपर में मैंने उन्हें अपना पूरा आइडिया शेयर किया। उन्होंने उसी वक्त कह दिया कि हम इसे करेंगे। इसके बाद उन्होंने हमारी कंपनी में कुछ हिस्सेदारी लेकर टेक्नोलॉजी डेवलप करना शुरू कर दिया।'

मुफ्त में किताब पब्लिश करने वाला प्लेटफार्म

स्टार्टअप	सेक्टर	जगह
Pencil App	मीडिया एंड एंटरटेनमेंट	मुंबई

शुरुआत	फाउंडर	फंडिंग
सितंबर, 2020	स्वरूप नंदा, प्रीति चिब	₹14 करोड़

इनवेस्टर	यूजर्स	टीम साइज
SucSEED, SOSV, **Inflection Point**	10 हजार+	39

फंडिंग: अब तक 14 करोड़ रुपए जुटाए

2018 में आइडिया पर काम शुरू हो गया था, लेकिन अगली बड़ी चुनौती थी वि बाकी पैसे कहां से आएंगे। स्वरूप बताते हैं, 'हमने एंजेल नेटवर्क से फंड रेज करना शुरू किया। पहले राउंड की फं डिंग अप्रैल 2019 में आई। इसके बाद कई अन्‍ इंटरनेशनल इंवेस्टर भी जुड़ गए। अब तक पेंसिल ने करीब 14 करोड़ रुपए की फंडिंग जुटाई है। इसमें SucSEED, SOSV, Inflection Point इनवेस्टर शामिल हैं।'

बिजनेस मॉडलः किताब चल गई तो 50-50 हिस्सेदारी

पेंसिल पर किताब पब्लिश करने के लिए लेखक को कोई पैसे नहीं खर्च करना है स्वरूप बताते हैं, 'लेखक के साथ हमारा एक करार होता है। जब किताब से कमाई होगी तो उसमें 50-50 की हिस्सेदारी रहेगी।' इसके अलावा प्लेटफॉर्म पर किताब का कवर डिजाइन और एडिटिंग के लिए भी प्रोफे शनल सर्विस दी जाती है। इसके लिए पैसे चार्ज किए जाते हैं।

किताब पब्लिश करवाने के पूरे प्रॉसेस के बारे में पेंसिल की को-फाउंडर प्रीति चिब बताती हैं, 'किसी भी कं प्यूटर या लैपटॉप के वेब ब्राउजर पर जाना है। वहां thepencilapp.com वेबसाइट लॉग इन करना है। यहां आपको किताब का टाइटल, कवर डिजाइन और टेक्स्ट भरना है। प्लेटफार्म आपकी किताब की कीमत बता देगा। इसके बाद आपको एक कॉन्ट्रैक्ट साइन करना है। ये प्रॉसेस पूरा होते ही आपकी किताब छपने के लिए तैयार है।'

टारगेटः पेंसिल को लोगों की क्रिएटिव आईडी बनाना है

स्वरूप बताते हैं, 'पेंसिल की पब्लिक लॉन्चिंग सितंबर 2020 में हुई थी। 19 हफ्तों में ही हमारे प्लेटफॉर्म पर लगभग 10 हजार लेखक रजिस्टर हुए हैं। 400 किताबें

पब्लिश हो चुकी हैं। और लगभग साढ़े 6 हजार किताबें ड्राफ्ट में हैं। अभी हमारी टीम में 39 लोग काम कर रहे हैं।'

स्वरूप और प्रीति इस साल अपने रीडर ऐप पर 1 मिलियन डाउनलोड करना चाहते हैं। इसके अलावा वो 1 लाख लेखकों को पेंसिल प्लेटफॉर्म पर लाना चाहते हैं। उनका कहना है कि 2-3 साल के बाद पेंसिल आपकी क्रिएटिव सोशल आईडी बन जाएगी। जैसे आप प्रोफेशनल काम के लिए लिंक्डइन और सोशल के लिए फेसबुक रखते हैं।

स्वरूप कहते हैं, 'लिखना एक मेडिटेशन की तरह है। लिखते हुए आप कोई और काम नहीं कर सकते। इसलिए हर इंसान को एक घंटा कुछ लिखने के लिए देना चाहिए। हर शख्स के पास बताने के लिए सैकड़ों कहानियां हैं।'

होममेड स्टार्टअप

लॉकडाउन में 2 दोस्तों ने नौकरी छोड़कर होममेड स्टार्टअप शुरू किया, 8 महीने में 40 को रोजगार दिया, खुद भी लाखों कमा रहे

हाफिज रहमान और अक्षय रवींद्रन

पिछले साल कोरोना महामारी में कई लोगों को अपनी नौकरी गंवानी पड़ी, कई लोगों को पलायन के लिए मजबूर होना पड़ा। तो कई लोगों के लिए दो वक्त की रोजी-रोटी की व्यवस्था करना भी दूभर हो गया था। उस मुश्किल दौर में कुछ लोग मदद के लिए आगे आए तो कुछ लोगों ने अपने आइडिया और इनोवेशन से खुद के साथ-साथ दूसरे लोगों को भी सेल्फ डिपेंडेंट बनाया। आज की पॉजिटिव खबर में ऐसी ही कहानी है केरल में रहने वाले दो युवाओं की, जिन्होंने अपने स्टार्टअप से पिछले 8 महीने में 40 गरीब महिलाओं को रोजगार दिया है। साथ ही खुद भी अच्छी-खासी कमाई कर रहे हैं।

केरल के कोच्चि के रहने वाले हाफिज रहमान और त्रिवेंद्रम के रहने वाले अक्षय रवीन्द्रन दोनों MBA ग्रेजुएट हैं। दोनों क्लास मेट रहे हैं। पढ़ाई पूरी करने के बाद

दोनों की जॉब लग गई। हाफिज एक मल्टीनेशनल कंपनी में बतौर HR तो अक्षय एक स्पोर्ट्स ब्रांड की मार्केटिंग का काम देखते थे।

मां ने कहा कि कुछ ऐसा करो जिससे लोगों को रोजगार मिले

हाफिज बताते हैं कि लॉकडाउन के दौरान लोगों की नौकरियां जा रही थीं। शहरों से भागकर लोग अपने-अपने गांव आ रहे थे। मेरे पड़ोस में रहने वाले कई लोगों की नौकरी चली गई थी। इन हालात को देखकर मेरी मां बहुत दुखी थीं। तब मां ने ही मुझसे कहा कि कुछ ऐसा काम क्यों नहीं करते जिससे कि इन लोगों को गांव में ही रोजगार मिल सके। इसके बाद हाफिज ने अपने दोस्त अक्षय से इस आइडिया को लेकर बात की। अक्षय को भी हाफिज का सुझाव अच्छा लगा। इसके बाद दोनों ने एक स्टार्टअप लॉन्च करने की योजना बनाई।

अभी उनकी कंपनी पांच तरह के अचार बना रही है। इसमें कई फलों और सब्जियों को मिलाकर नई वैरायटी बनाई गई है।

हाफिज कहते हैं कि हम एक ऐसा स्टार्टअप शुरू करना चाहते थे जिसमें गरीब महिलाओं को शामिल किया जा सके। उन्हें आर्थिक रूप से मजबूत बनाया जा सके। इसलिए हमने तय किया कि हम होममेड पिकल (अचार) बनाने का सोशल वेंचर

शुरू करेंगे। इसके बाद हम दोनों ने नौकरी छोड़ दी और जुलाई 2020 में Athey Nallatha नाम से अपनी कंपनी रजिस्टर की और काम करना शुरू कर दिया।

खुद पर भरोसा हो तो कामयाबी मिलती है

ऐसे वक्त में अच्छी-खासी नौकरी छोड़ना, जब लोगों की नौकरियां जा रही हों, कितना मुश्किल डिसीजन होता है? इस सवाल पर हाफिज कहते हैं कि चाहे नौकरी हो या खुद का बिजनेस, चैलेंज तो दोनों में हैं। जब आप उस चैलेंज से निपटने के लिए खुद को तैयार कर लेते हैं तो आपकी आगे की राह आसान हो जाती है। वे कहते हैं कि बिजनेस का आइडिया हमारे मन में पहले से था। हम दोनों अक्सर कॉलेज टाइम में इसको लेकर चर्चा करते रहते थे। हालांकि पढ़ाई पूरी होने के बाद हमारी नौकरी लग गई। जिसके बाद ये प्लान होल्ड हो गया। इसलिए हमें खुद पर भरोसा था कि कदम वापस नहीं खींचने पड़ेंगे।

काम शुरू करने से पहले मार्केट एनालिसिस किया

वे कहते हैं कि ये तो तय था कि हम अचार का ही बिजनेस करेंगे, लेकिन हमारा बिजनेस मॉडल क्या होगा, हमारे प्रोडक्ट की क्वालिटी क्या होगी? इसको लेकर हमने स्टडी करना शुरू किया। मार्केट में जो अचार के प्रोडक्ट्स थे, उनके बारे में जानकारी जुटाई। उनकी क्वालिटी, क्वांटिटी और प्राइस का एनालिसिस किया। फिर हमने खुद के प्रोडक्ट पर काम करना शुरू किया। हमने तय किया कि मार्केट प्राइस के रेंज में हम बेहतर क्वालिटी और अलग व नए टेस्ट में अचार तैयार करेंगे।

हाफिज रहमान और अक्षय रवींद्रन। साथ में दोनों की मां भी हैं। हाफिज कहते हैं कि मां की मदद से ही उनका ये बिजनेस चल रहा है।

एक-एक कर स्थानीय महिलाओं को जोड़ते गए

हाफिज बताते हैं कि हमने अपने स्टार्टअप की शुरुआत दो स्थानीय महिलाओं से की। ये दोनों महिलाएं हमारे लिए अचार तैयार करती थीं। जिसके बदले हम उन्हें पैसे देते हैं। हम लोग अचार की क्वालिटी टेस्टिंग और प्रोसेसिंग के बाद उन्हें पैक करके मार्केट में सप्लाई करते थे। बाद में हमने ऑनलाइन प्लेटफॉर्म पर फोकस किया। सोशल मीडिया पर कैंपेन शुरू किया, खुद की वेबसाइट डेवलप की। कुछ ही दिनों में लोगों की डिमांड आने लगी।

इसके बाद हमें दायरा बढ़ाना पड़ा। हमने तीन-चार और महिलाओं को इस काम से जोड़ा। फिर एक-एक करके ये महिलाएं ही दूसरी महिलाओं को जोड़ती गईं आज हमारे इस वेंचर में 40 महिलाएं मिलकर काम कर रही हैं। इससे हमारा भी बिजनेस चल रहा है और उन्हें रोजगार भी मिल रहा है।

अभी पांच वैरायटी में बना रहे हैं अचार

हाफिज के मुताबिक सभी प्रोडक्ट ऑर्गेनिक तरीके से तैयार किए जाते हैं। जिन्हें स्थानीय महिलाएं ही बनाने का काम करती हैं।

अभी उनकी कंपनी पांच तरह के अचार बना रही है। इसमें कई फलों और सब्जियों को मिलाकर नई वैरायटी बनाई गई है। जैसे इन्होंने झींगा और पपीता को मिलाकर एक अचार तैयार किया है। दूसरा अचार अंगूर और आम को मिलाकर बनाया है, तो एक नींबू और खजूर को मिलाकर बनाया है। जबकि एक अचार मछली और आम के अचार से बना है, जिसका नाम उन्होंने जलपुष्प 2.0 रखा है। ये सभी प्रोडक्ट स्थानीय महिलाएं ही तैयार करती हैं।

क्या है बिजनेस मॉडल?

हाफिज और अक्षय ने अपनी टीम को अलग-अलग यूनिट में बांट रखा है। एक टीम का काम होता है रॉ मटेरियल जुटाना, जो स्थानीय किसानों से उनके प्रोडक्ट खरीदती है। दूसरी टीम उन प्रोडक्ट्स को टीम में काम करने वाली महिलाओं तक पहुंचाती हैं। ये महिलाएं अपनी सुविधा के हिसाब से सभी सब्जियों को छीलने, काटने, फ्राई करने के बाद अचार बनाने का काम करती हैं। इसके बाद एक टीम

कलेक्शन के लिए होती है, जो इन महिलाओं के घरों से अचार कलेक्ट कर मेन यूनिट में लाती हैं। यहां अचार की क्वालिटी टेस्टिंग और पैकिं ग का काम होता है। इसके बाद वो प्रोडक्ट मार्केट में डिलीवरी के लिए भेजा जाता है। अभी देशभर में वे अपने प्रोडक्ट की सप्लाई कर रहे हैं। कुछ प्रोडक्ट उन्होंने सऊदी अरब भी भेजे हैं।

मां के हाथ की बनी रेसिपी का स्टार्टअप

लॉकडाउन के दौरान मां के हाथ की बनी रेसिपी पसंद आई तो उसी का स्टार्टअप शुरू किया, 7 महीने में 3 लाख रुपए की कमाई

गाजियाबाद के रहने वाले अमन अपनी मां संगीता जैन के साथ मिलकर होममेड आचार और स्नैक्स का स्टार्टअप चला रहे हैं।

पिछले साल कोरोना के चलते लगा लॉकडाउन कई लोगों के लिए मुसीबत बना तो कई लोगों ने इसे अवसर के रूप में भी तब्दील किया। ऐसी ही कहानी है गाजियाबाद के रहने वाले अमन जैन और उनकी मां संगीता जैन की। अमन MBA ग्रेजुएट हैं। कई बड़ी कंपनियों में काम कर चुके हैं। अभी वे अपनी मां के साथ मिलकर आचार, स्नैक्स और मिठाइयों का स्टार्टअप चला रहे हैं। महज 7 से 8 महीने में उन्होंने अपना बिजनेस अच्छा-खासा जमा लिया है। हर महीने सौ से ज्यादा उनके पास ऑर्डर आते हैं। दिल्ली, मुंबई समेत देश के बड़े शहरों में वे अपना प्रोडक्ट सप्लाई करते हैं। अभी तक उन्होंने 3 लाख रुपए से ज्यादा की कमाई की है।

31 साल के अमन कोरोना के पहले हैदराबाद में एक कंपनी में बतौर HR काम कर रहे थे। इसी बीच होली की छुट्टियों में वे घर आए। मार्च के अंत में वे जब वापस लौटने का प्लान कर ही रहे थे, तभी लॉकडाउन लग गया और वे फिर हैदराबाद नहीं जा सके। इसके बाद वे घर से ही अपना काम करने लगे। इस दौरान उनकी मां अलग-अलग रेसिपीज बनाकर उन्हें खिलाती थीं। कुछ दिनों तक ऐसे ही वक्त गुजरा।

लॉकडाउन में शुरू किया बिजनेस

अमन ने एक आचार के साथ अपने बिजनेस की शुरुआत की थी,
आज उनके पास दो दर्जन से ज्यादा प्रोडक्ट हैं।

अमन कहते हैं कि जुलाई-अगस्त में मेरे दिमाग में एक आइडिया आया। मेरी मां आचार और स्नैक्स बहुत शानदार बनाती हैं। जिसकी तारीफ हमारे रिश्तेदार और मेरे दोस्त भी करते हैं। हालांकि इसे कभी बिजनेस के रूप में तब्दील करने का ख्याल नहीं आया था। जब लॉकडाउन लगा तो दिमाग में कई तरह के प्लान आ रहे थे। उसी दौरान मैंने सोचा कि क्यों न इस खाली समय का फायदा उठाया जाए और मां के हाथ की कारीगरी को बिजनेस का रूप दिया जाए। बस इसके बाद ही हमने

इसको लेकर काम करना शुरू कर दिया। मैंने मां से बात की और ट्रायल बेसिस पर 30 किलो आचार तैयार किया।

सोशल मीडिया ने बिजनेस को बढ़ाने में मदद की

वे कहते हैं कि आचार तैयार होने के बाद शुरुआत में मैंने इसे अपने दोस्तों को टेस्ट कराया और उन्हें अपने बिजनेस प्लान के बारे में जानकारी दी। उन लोगों ने इस टेस्ट को दूसरे लोगों तक पहुंचाया। फिर हमने एक वॉट्सएप ग्रुप बनाया और उसमें लोगों को जोड़ते गए। इस तरह हमारा सफर आगे बढ़ता गया। अब हम सोशल मीडिया के साथ-साथ अपने खुद की वेबसाइट के माध्यम से भी अपने प्रोडक्ट की सप्लाई कर रहे हैं। इसके लिए हमने एक कू रियर कं पनी से टाइअप किया है।

एक आचार से शुरुआत, आज दो दर्जन से ज्यादा प्रोडक्ट

अमन अपने प्रोडक्ट लोकल मार्केट के साथ ही सोशल मीडिया और खुद की वेबसाइट के जरिए सप्लाई करते हैं।

अमन बताते हैं कि हमने जब पहली बार आचार तैयार किया तो दो-ढाई हजार रुपए का खर्च आया था। और सिर्फ एक आचार से शुरुआत की थी। फिर जैसे-जैसे

ऑर्डर बढ़े, हमने अपना मेन्यू बढ़ाया। अभी हम दो दर्जन के करीब प्रोडक्ट तैयार कर रहे हैं। इनमें आचार, स्नैक्स और मिठाइयां शामिल हैं। अभी हर महीने 100 से ज्यादा ऑर्डर मिल जाते हैं। त्योहारों के सीजन में डिमांड और अधिक हो जाती है। तब तो एक हफ्ते में 400 से ज्यादा ऑर्डर मिल जाते हैं। आने वाले दिनों में हम इसे और आगे ले जाने का प्लान कर रहे हैं।

अमन ने अपना स्टार्टअप का नाम भी यूनीक रखा है। उनके स्टार्टअप का नाम पापी पेट है। यह उनका फै मिली बिजनेस है, जिसमें परिवार के लोग ही काम करते हैं। अमन का काम आचार के लिए लगने वाली सामग्री को जुटाना, फिर ऑर्डर और मार्केटिंग को देखना है। उनकी मां रेसिपीज तैयार करती हैं। जबकि उनकी बहन और परिवार के बाकी लोग आचार तैयार करने में मदद करते हैं। अमन कहते हैं कि हमारे प्रोडक्ट पूरी तरह होम मेड हैं। हम इसमें ऐसी कोई चीज नहीं मिलाते हैं, जो नुकसानदायक हो।

नए स्टार्टअप के लिए क्या करें?

कोई भी बिजनेस शुरू करने से पहले मार्केट रिसर्च बहुत जरूरी है। अलग-अलग लोकेशन के लिए अलग-अलग जरूरतें हो सकती हैं। इसलिए पहले हमें ये पता करना होगा कि हम जहां रहते हैं या जहां बिजनेस शुरू करना चाहते हैं, वहां किस चीज की कितनी डिमांड है।

अमन का यह बिजनेस पूरी तरह फैमिली स्टार्टअप है। इसमें उनके परिवार के ही लोग आचार तैयार करने का काम करते हैं।

दूसरी बात कि हमें अपना प्रोडक्ट खास रखना होगा, ताकि बाहर उसके कम्पेयर के प्रोडक्ट न हों। यानी कोई न कोई ऐसी वजह होनी चाहिए जिससे लोग मार्केट का प्रोडक्ट न खरीदकर हमारा बनाया प्रोडक्ट खरीदें। ये वजह क्वालिटी से लेकर क्वांटिटी और प्राइस तक हो सकती है। इसलिए रिसर्च सबसे अहम पार्ट है।

तीसरी अहम बात यह है कि हमें कस्टमर्स ओरिएंटेड प्रोडक्ट बनाने होंगे। तभी हमारे बिजनेस की ग्रोथ होगी। कस्टमर के फीडबैक के मुताबिक हमें अपना प्रोडक्ट अपग्रेड करना चाहिए। साथ ही टाइम और ट्रेंड के साथ अलग-अलग वैरायटी लॉन्च करना चाहिए।

मार्केटिंग के लिए क्या करें?

हम अपने प्रोडक्ट की मार्केटिंग की शुरुआत सोशल मीडिया से कर सकते हैं। इसके अलग-अलग प्लेटफॉर्म्स पर अपने पेज बनाएं और उनमें अपने प्रोडक्ट की तस्वीरें अपलोड करते जाएं। बेहतर होगा कि हम अपने इलाके के सोशल मीडिया ग्रुप्स से खुद को जोड़ें, ताकि लोग हम पर आसानी से भरोसा कर सकें और हमें

उन्हें प्रोडक्ट भेजने में भी सहूलियत हो। इसके बाद वेबसाइट बनाकर ऑनलाइन मार्केटिंग की जा सकती है। इसके लिए सबसे जरूरी बात है कि हमें खुद के प्रोडक्ट के साथ-साथ अपने सोशल मीडिया पेज को भी लगातार अपडेट करते रहना होगा, ताकि कस्टमर्स को कुछ नया मिल सके।

पर्सनालिटी डेवलपमेंट

मल्टीनेशनल कंपनी की नौकरी छोड़ पर्सनालिटी डेवलपमेंट का स्टार्टअप शुरू किया, 4 साल में 10 हजार से ज्यादा युवाओं को कर चुकी हैं ट्रेंड

जम्मू की रहने वाली गीतिका कोहली की। गीतिका एमबीए ग्रेजुएट हैं, कई संस्थानों में सालों तक काम कर चुकी हैं, लेकिन वे हमेशा से कुछ अपना करना चाहती थीं। कुछ ऐसा जिसमें उन्हें सेल्फ सेटिस्फैक्शन मिले और लोगों को भी इससे फायदा हो सके। इसके बाद चार साल पहले उन्होंने पर्सनालिटी डेवलपमेंट का स्टार्टअप शुरू किया। जिसमें वे हर एज ग्रुप के लोगों को प्रोफेशनली ट्रेंड करती हैं और उन्हें करियर एक्सपोजर दिलाने में अहम भूमिका निभाती हैं। अब तक गीतिका 10 हजार से ज्यादा लोगों को ट्रेंड कर चुकी हैं। साथ ही अच्छी कमाई भी कर रही हैं।

जम्मू के आमला की रहने वाली गीतिका एक सामान्य परिवार से ताल्लुक रखती हैं। उन्हें बचपन से ही कविताएं लिखने का शौक रहा है। पांच साल की उम्र से ही वे कविताएं लिखती आ रही हैं। गीतिका का एजुकेशनल बैकग्राउंड भी बढ़िया रहा। हमेशा क्लास में बेहतर परफॉर्म करतीं थीं। साल 2011 में जम्मू यूनिवर्सिटी से एचआर में एमबीए करने के बाद एक कंपनी में उनकी जॉब लग गई। इसके बाद उन्होंने साल-दर-साल कई नौकरियां बदलीं। वजह, उन्हें कुछ बड़ा करना था। इसके बाद गीतिका ने प्राइवेट नौकरी छोड़कर सरकारी नौकरी की तैयारी शुरू कर दी। हालांकि यहां भी गीतिका के हाथ कुछ खास नहीं लगा। कोर्ट मैनेजर की नौकरी होते-होते रह गई।

ट्रेनिंग सेशन के दौरान गीतिका। गीतिका हर एज ग्रुप के युवाओं को पर्सनालिटी डेवलपमेंट का कोर्स करवाती हैं।

ये वो दौर था जह गीतिका की हिम्मत जवाब दे रही थी। वे हौसला हार रही थीं। फिर गीतिका ने खुद को संभाला और कविताएं लिखने का काम शुरू किया। 2014 में उनकी पहली किताब पब्लिश हुई। बस यहीं से गीतिका ने अपने सपनों को पंख देना शुरू किया। इसी साल उन्हें चेन्नई की एक मल्टीनेशनल कंपनी में बतौर एचआर जॉब मिली। बढ़िया पैके ज भी था।

हमेशा से कुछ अलग करना चाहती थीं

32 साल की गीतिका बताती हैं कि पहली बार जम्मू से बाहर जाना था। मन में थोड़ी चिंता तो थी ही। पापा भी राजी नहीं थे। वे नहीं चाहते थे कि मैं इतनी दूर नौकरी के लिए जाऊं, लेकिन कुछ करने की चाहत मुझे चेन्नई ले गई। यहां सबकुछ बढ़िया था, लेकिन वर्क लोड काफी ज्यादा था। फिर भी मैंने लिखना नहीं छोड़ा और लगातार लिखती रही। इसी बीच कई बार अलग क्लाइमेट होने की वजह से तबीयत भी खराब हो गई, लेकिन मैंने हमेशा कुछ बेहतर करने की कोशिश जारी रखी।

इसी बीच 2016 में गीतिका को दिल्ली की एक कंपनी से ऑफर मिला। उन्हें लगा कि दिल्ली सही जगह है। उनके होम टाउन से करीब भी है। इसलिए वे चेन्नई से दिल्ली शिफ्ट हो गईं, लेकिन यहां भी गीतिका बहुत दिनों तक नहीं टिक सकीं। 6 महीने बाद ही उनका मन ऊब गया। 2017 में गीतिका ने नौकरी छोड़ दी और अपने शहर जम्मू लौट गईं।

गीतिका पिछले चार सालों में 10 हजार से ज्यादा बच्चों को ट्रेंड कर चुकी हैं। कई बच्चे अच्छी नौकरी भी हासिल कर चुके हैं।

डिग्री के साथ करियर एक्सपोजर भी जरूरी

जम्मू आने के बाद गीतिका ने तय किया कि वे पर्सनालिटी डेवलपमेंट का स्टार्टअप शुरू करेंगी, क्योंकि बतौर एचआर रहते हुए गीतिका को इस फील्ड में काफी जानकारी हो गई थी। फिर भी उन्होंने एक प्रोफेशनल पर्सनालिटी डेवलपमेंट ट्रेनर बनने के लिए रिसर्च किया और कुछ कोर्स भी किए। इसके बाद उन्होंने एक छोटे से ऑफिस से इस काम की शुरुआत की। गीतिका बताती हैं कि यहां छोटे शहरों से आने वाले बच्चों के पास उनकी डिग्री तो होती है, लेकिन उनके पास स्किल्स नहीं होता है। इसलिए उन्हें करियर एक्सपोजर नहीं मिल पाता। इसलिए मैंने तय किया

के ऐसे युवाओं को मैं ट्रेंड करूंगी और उन्हें रोजगार दिलाऊंगी। फिर उन्होंने थिंकस्टा (Thinksta) नाम से स्टार्टअप की शुरुआत की।

कैसे काम करती हैं गीतिका?

गीतिका थिंकस्टा के जरिए अलग-अलग एज ग्रुप के युवाओं को ट्रेंड करने का काम कर रही हैं। वे इसमें पर्सनालिटी डेवलपमेंट, करियर गाइडेंस, इंटर्नशिप, कंटेंट राइटिंग के साथ-साथ रोजगार दिलाने में भी युवाओं की हेल्प करती हैं और उन्हें इसके लिए ट्रेंड करती हैं। इसके लिए अलग-अलग ड्यूरेशन के कोर्स उन्होंने कर रखे हैं। बहुत कम फीस में वो ये कोर्स करवाती हैं। इसके साथ ही गीतिका ने कई स्कूलों और कॉलेजों से भी टाइअप किया है, जहां वे बच्चों को पर्सनालिटी डेवलपमेंट का कोर्स और वर्कशॉप करवाती हैं। उनके ट्रेंड किए हुए कई बच्चे अच्छी जॉब कर रहे हैं। कुछ बच्चे हायर स्टडीज के लिए विदेश भी जा चुके हैं।

गीतिका पर्सनालिटी डेवलपमेंट क्लास के दौरान बच्चों की राइटिंग स्किल निखारने के साथ ही उन्हें किसी न किसी टॉपिक पर स्पीच देने की ट्रेनिंग भी देती हैं।

गीतिका कहती हैं कि आगे भी मेरा यह काम जारी रहेगा। मेरे लिए यह काम एक मिशन की तरह है। वे कहती हैं कि आज के दौर में पर्सनालिटी डेवलपमेंट बहुत जरूरी है। इसे करियर के लिए बाकी सब्जेक्ट की तरह ही इक्वली ट्रीट करना चाहिए, इस पर फोकस करना चाहिए। युवाओं को एम्पावर करना है तो उन्हें प्रोफेशनली ट्रेंड करना बहुत जरूरी है।

कोरोना काल में ऑनलाइन ट्रेनिंग का सपना पूरा हुआ

गीतिका बताती हैं कि मैं पहले से ही ऑनलाइन कोर्स शुरू करना चाहती थी। ताकि जम्मू के बाहर के भी युवा इसमें शामिल हो सकें। हालांकि मैं अपने प्लान को एक्जीक्यूट नहीं कर पा रही थी, लेकिन कोरोना के चलते जब लॉकडाउन लगा और ऑफलाइन क्लासेज बंद हो गए तो ऑनलाइन मोड में शिफ्ट होना पड़ा। इस दौरान भी मैंने पिछले साल 200 से ज्यादा बच्चों को ट्रेंड किया। कई बच्चे जम्मू के बाहर से भी थे।

गीतिका अभी भी लिखती रहती हैं। सात किताबें उनकी पब्लिश हो चुकी हैं। कई किताबें उनकी भारत के साथ-साथ दूसरे देशों में भी पॉपुलर रही हैं।

वेस्ट मटेरियल से यूनिक आइटम

बनारस की शिखा ने 15 हजार रु. से वेस्ट मटेरियल से यूनिक आइटम बनाने का स्टार्टअप शुरू किया, अब सालाना 5 लाख रुपए कमा रहीं

शिखा साह।

दुनियाभर में 2 बिलियन टन से ज्यादा वेस्ट मटेरियल हर साल जेनरेट होता है। भारत में यह आंकड़ा 277 मिलियन टन से ज्यादा है। इतनी भारी मात्रा में वेस्ट को मैनेज करना सबसे मुश्किल टास्क है। हालांकि पिछले कु छ सालों में वेस्ट मैनेजमेंट को लेकर कई इनिशिएटिव शुरू हुए हैं। कई लोग वेस्ट मटेरियल से घर की सजावट के आइटम, ज्वेलरी, पेंटिंग्स जैसी चीजें तैयार करके इस चुनौती से निपटने के साथ-साथ अच्छी कमाई भी कर रहे हैं। ऐसी ही कहानी है यूपी के वाराणसी की रहने वाली शिखा साह की। शिखा ने 5 साल पहले महज 15 हजार रुपए से वेस्ट मटेरियल से यूनिक आइटम बनाने का स्टार्टअप शुरू किया था। आज उनकी जमी जमाई कंपनी है और सालाना 5 लाख रुपए की कमाई हो रही है।

वाराणसी से 12वीं करने के बाद शिखा ने ग्रेजुएशन दिल्ली यूनिवर्सिटी से किया। फिर एनवायरमेंटल साइंस में पीजी किया। 2012 में रिलायंस ग्रुप में उनकी नौकरी लग गई। नौकरी के दौरान शिखा को देशभर में कई जगहों पर जाने का मौका मिला। इस दौरान उन्हें हर जगह एक कॉमन प्रॉब्लम फेस करनी पड़ी। वे बताती हैं कि मैं जहां भी जाती थी वेस्ट की प्रॉब्लम हर जगह थी। तब मैं सोचती थी कि इसको लेकर कुछ किया जाए। हालांकि जॉब की वजह से कुछ शुरू नहीं कर सकी।

शिखा दिल्ली यूनिवर्सिटी की पढ़ी हैं। चार साल तक उन्होंने अलग-अलग प्रोजेक्ट पर काम किया है।

इसी बीच 2014 में एक नए प्रोजेक्ट के लिए IIT मद्रास से जुड़ने का मौका मिला। यहां दो साल तक काम किया। बहुत कुछ सीखने को मिला। हालांकि कुछ पारिवारिक वजहों से वापस वाराणसी आ गई, लेकिन मेरे दिमाग में कुछ अलग करने का आइडिया बरकरार रहा। घर आई तो यहां भी मुझे लगा कि वेस्ट बड़ी चुनौती है क्योंकि ज्यादातर घरों में बड़े लोग वेस्ट को फेंकते नहीं है। उसे संजोए रखते हैं।

सब्जीवाले की मदद से शुरू हुआ स्टार्टअप

शिखा बताती हैं कि एक दिन बालकनी में मैं वाइन की पुरानी बॉटल से कुछ नया बनाने की कोशिश कर रही थी। तभी कालोनी में आने वाले एक सब्जीवाले ने मुझे देखा और बोला यह बॉटल मुझे दीजिए मैं कर दूंगा। दरअसल, वाराणसी में हस्तशिल्प के कई जानकार हैं। हमारी कॉलोनी से कुछ दूरी पर ऐसे लोगों की पूरी बस्ती ही है। इसके बाद सब्जी वाला हमारा सामान ले गया और अगले दिन एक खूबसूरत डिजाइन बनाकर दे दिया। बस फिर क्या था। मैंने तय कर लिया कि हम इसको लेकर स्टार्टअप शुरू करेंगे। फिर हमने एक पेंटर को अपने साथ जोड़ा ताकि तैयार की गई चीजों पर अच्छी तरह से कलर किया जा सके। और इस तरह हमारे काम की शुरुआत हुई।

अब अमेजन पर भी उपलब्ध हैं प्रोडक्ट्स

ये वेस्ट मटेरियल से बना ग्लास और केतली है। शिखा इस तरह के
एक दर्जन से ज्यादा प्रोडक्ट तैयार कर रही हैं।

शिखा बताती हैं कि हमने पहले कु छ प्रोडक्ट तैयार किए। उसके बाद हमने वर्कशॉप किया। उसमें जो लोग आते तो हम उन्हें फ्री में सामान देते थे आगे चलकर वे लोग

हमारे कस्टमर बन गए। इसके बाद हमने स्क्रैपशाला नाम से अपनी कंपनी रजिस्टर की। अभी हम ऑनलाइन और ऑफलाइन दोनों ही प्लेटफॉर्म पर अपने सामान बेच रहे हैं। हमारे पास घर को डेकोरेट करने की हर चीजें मौजूद हैं। कई लोग हमारे रेग्यूलर कस्टमर हैं तो कई बार बड़े लेवल पर भी ऑर्डर मिलते हैं। हाल ही में हमने अमेजन पर भी अपना प्रोडक्ट सेल करना शुरू किया है। अभी हमारे पास होम डेकोरेशन के एक दर्जन से ज्यादा प्रोडक्ट मौजूद हैं।

कैसे काम करती है शिखा की टीम?

शिखा ने अपने बिजनेस की शुरुआत घर से ही की थी। जब बिक्री बढ़ी तो उन्होंने बिजनेस का दायरा बढ़ा दिया। अब उन्होंने अपना फ्लैट ले लिया है। साथ ही खुद की दुकान भी खोल ली है। शिखा की टीम में अभी 15 लोग काम करते हैं। ये लोग नगर निगम से वेस्ट लेते हैं। साथ ही इनके कई कस्टमर्स भी वेस्ट मटेरियल प्रोवाइड कराते हैं। शिखा बताती हैं कि कई बार हम लोग कबाड़ वालों के पास से भी सामान उठा लाते हैं। इसके बाद अपने यहां उसकी सफाई, डिजाइनिंग और कलर का काम करते हैं। फिर मार्केटिंग का काम शुरू होता है।

शिखा की टीम द्वारा तैयार किए गए लकड़ी के क्राफ्ट। उनके प्रोडक्ट ऑनलाइन देशभर में बिक रहे हैं।

कई लोगों ने शुरुआत में विरोध भी किया

शिखा कहती हैं कि जब भी कोई लड़की कुछ काम शुरू करती है तो लोग विरोध करते ही हैं। मेरे साथ भी ऐसा ही हुआ। कई लोगों ने विरोध किया, ताने मारे। लेकिन मैंने अपना काम करना बंद नहीं किया। मुझे मेरी मां ने काफी सपोर्ट किया। जिसके बल पर मैं आगे बढ़ती गई। और आज हम अपने काम से खुश हैं।

वे कहती हैं कि कई बार जब हमारे प्रोडक्ट नहीं बिकते हैं तो परेशानी भी होती है। जैसे हमने बांस का टूथब्रश बनाया है, इसकी कीमत 70 रुपए है, लेकिन मार्केट में प्लास्टिक के 20 रुपए के ब्रश मिल जाते हैं। जबकि लॉन्ग टर्म में देखे तो बांस का टूथपेस्ट सबसे बढ़िया होता है और इससे प्रकृति को भी नुकसान नहीं पहुंचता है। इस लिहाज से सोचें तो ये कीमत अधिक नहीं है। हमें उम्मीद है कि लोग धीरे-धीरे इसको लेकर भी जागरूक होंगे। अभी होली में हमने ऑर्गेनिक कलर की लगभग डेढ़ लाख रुपए की सेल की है।

मधुमक्खी पालन और प्रोसेसिंग

डिजिटल मार्केटिंग एक्सपर्ट थे, लॉकडाउन में मधुमक्खी पालन और प्रोसेसिंग का स्टार्टअप शुरू किया; एक साल में 20 लाख पहुंचा टर्नओवर

हरियाणा के रहने वाले नरेश जांग

आज की पॉजिटिव खबर में बात हरियाणा के हिसार जिले में रहने वाले नरेश जांग की। नरेश डिजिटल मार्केटिंग फील्ड से ताल्लुक रखते हैं। करीब 8 साल तक उन्होंने अलग-अलग कंपनियों में काम किया, लेकिन अब खुद का स्टार्टअप चला रहे हैं। एक साल पहले उन्होंने मधुमक्खी पालन और उसकी प्रोसेसिंग का काम शुरू किया था। अभी वे देशभर में अपने प्रोडक्ट की मार्केटिंग कर रहे हैं। महज एक साल में उन्होंने 20 लाख रुपए का बिजनेस किया है।

32 साल के नरेश की शुरुआती पढ़ाई केंद्रीय विद्यालय में हुई। उनके पिता नेवी में थे तो अक्सर ट्रांसफर की वजह से नरेश को भी शहर बदलने पड़े। इसका एक फायदा ये हुआ कि उन्हें अलग-अलग जगहों की खासियत पता हो गई। 2012 में नरेश ने एमबीए किया तो लगे हाथ अच्छे पैकेज पर नौकरी भी मिल गई।

सोशल मीडिया पर अच्छा रिस्पॉन्स मिला तो शुरू किया स्टार्टअप

नरेश की नौकरी अच्छी चल रही थी। बिजनेस का कोई प्लान उनके मन में पहले से नहीं था। वे कहते हैं कि हेल्थ को लेकर मैं थोड़ा अवेयर रहता था और कुछ आयुर्वेदिक प्रोडक्ट का इस्तेमाल करता था। जिन्हें शहद के साथ खाना होता था। कई ब्रांड बदलने के बाद भी मन में एक सवाल रहता था कि मैं जो खा रहा हूं, उसमें कहीं मिलावट तो नहीं है।

नरेश और उनके रिलेटिव संदीप। संदीप पहले से मधुमक्खी पालन का काम कर रहे हैं, लेकिन पिछले साल से उन्होंने एक प्रोफेशनल के रूप में काम करना शुरू किया।

पिछले साल जब कोरोना की वजह से लॉकडाउन लगा तो नरेश के मन में कुछ नया करने का ख्याल आया। उनके एक रिलेटिव मधुमक्खी पालन करते थे। नरेश ने सोचा कि उनके साथ मिलकर इस काम को शुरू किया जा सकता है, क्योंकि अभी लॉकडाउन की वजह से लोग ऑनलाइन शॉपिंग की तरफ मूव कर रहे हैं। इसके बाद उन्होंने कुछ पोस्टर डिजाइन किए और सोशल मीडिया पर शेयर कर दिया। इसका पॉजिटिव रिस्पॉन्स मिला। कई लोगों ने उनसे शहद खरीदने में दिलचस्पी

दिखाई। इसके बाद उन्होंने डिब्बे में शहद पैक करके भेजना शुरू किया। यहीं से उनके बिजनेस की शुरुआत हुई।

खुद करते हैं मार्केटिंग और प्रोसेसिंग

नरेश और उनके रिलेटिव संदीप मिलकर एक प्रोफेशनल के रूप में काम करने लगे। उन्होंने सबसे पहले 'स्क्रॉलिंग बी' नाम से कम्पनी रजिस्टर की। पोस्टर डिजाइन किए, सोशल मीडिया पर पेज बनाए। प्रोसेसिंग का काम सीखा, कुछ इक्विपमेंट्स मंगाए और फिर शहद की मार्केटिंग शुरू की।

चूंकि नरेश डिजिटल मार्केटिंग फील्ड से हैं, इसलिए उन्हें अपने बिजनेस को प्रमोट करने में बहुत दिक्कत नहीं हुई। जल्द ही उनके कस्टमर्स बढ़ने लगे। अभी वे 6 अलग-अलग फ्लेवर में शहद तैयार कर रहे हैं। हर तीन-चार महीने में 7 क्विंटल शहद का प्रोडक्शन वे कर रहे हैं। हर महीने 200 से 250 के बीच ऑर्डर आ रहे हैं।

नरेश बताते हैं कि हमारे पास अभी 170 बॉक्स मधुमक्खियां हैं। हर बॉक्स से एक बार में 15 किलो शहद निकलता है, जिसकी क्वालिटी टेस्ट और प्रोसेसिंग के बाद हम उसे पैक करके बेचते हैं। इसके साथ हमने उन किसानों से भी टाइअप किया है जो मधुमक्खी पालन करते हैं। हम उनसे शहद लेकर उससे अपना प्रोडक्ट तैयार करते हैं और फिर मार्केट में भेजते हैं।

ये शहद तैयार करने वाले बॉक्स हैं। इनमें मधुमक्खियां डाली गई हैं।
एक महीने में एक पेटी से चार किलो तक शहद निकलता है।

किस तरह बनता है शहद?

शहद तैयार करने के लिए फूलों की उपलब्धता जरूरी है। जहां मधुमक्खियों के बॉक्स रखे हों, वहां तीन किलोमीटर के रेंज में फूल उपलब्ध होने चाहिए। मधुमक्खियां सबसे पहले फूलों का रस पीती हैं। इसके बाद वे वैक्स की बनी पेटी में अपने मुंह से उल्टी करती है। इसे चुगली भी कहते हैं। इसके बाद दूसरी मधुमक्खी उसे ग्रहण करती हैं और वो भी वहीं प्रक्रिया दोहराती है। इसी तरह एक मक्खी से दूसरी, तीसरी और फिर बाकी मधुमक्खियां भी इस प्रक्रिया में भाग लेती हैं। आगे चलकर इससे शहद बनता है। शुरुआत में इसमें पानी की मात्रा अधिक होती है, लेकिन रात में मधुमक्खियां अपने पंख की मदद से शहद से पानी अलग कर देती हैं।

शहद बनने की यह प्रक्रिया लगातार 7-8 दिनों तक चलती है। इस तरह के शहद को कच्चा शहद कहा जाता है। इसके बाद शहद को पकाने के लिए रखा जाता है। करीब 12 से 15 दिनों में शहद पक कर तैयार हो जाता है, जिसे पेटी से निकाल लिया जाता है। इस शहद का सीधे उपयोग किया जा सकता है।

नरेश अभी 6 वैरायटी में शहद तैयार कर रहे हैं। हर महीने 200 से 250 तक ऑर्डर उनके पास आ रहे हैं।

किन चीजों की जरूरत होती है?

- इसके लिए खुली जगह की जरूरत होती है, जहां मधुमक्खियों के पालन के लिए पेटियां रखी जा सकें।

- लकड़ी के बने बक्से और मुंह की सेफ्टी के लिए जाली।

- मधुमक्खियों की उन्नत किस्म।

- हाथों के लिए दस्ताने और धुंआदानी।

- अगर आप 200 से 300 पेटियों में मधुमक्खियां पालते हैं तो आपको 4 से 5 हजार स्क्वायर फीट जमीन चाहिए। मधुमक्खी की कई प्रजातियां होती हैं। इनमें से इटालियन मधुमक्खी सबसे अच्छी मानी जाती है। यह शांत स्वभाव की होती है और छत्ता छोड़कर कम भागती है।

10 बॉक्स के साथ कर सकते हैं शुरुआत

शहद का बिजनेस 10 बॉक्स के साथ शुरू किया जा सकता है। इसके लिए करीब 30 हजार रु. खर्च होंगे। बाद में इनकी संख्या बढ़ाई जा सकती है। एक महीने में एक पेटी से चार किलो तक शहद मिल सकता है, जिसे बाजार में 200 से 300 रुपए प्रति किलो की दर से बेचा जा सकता है। इसके साथ ही अगर हम उसकी प्रोसेसिंग करने लगे तो 500 रुपए किलो के हिसाब से भी आसानी से बेचा जा सकता है।

कहां से ले सकते हैं ट्रेनिंग?

देश में इस समय मधुमक्खी पालन की ट्रेनिंग के लिए कई संस्थान हैं, जहां मामूली फीस जमाकर ट्रेनिंग ली जा सकती है। नजदीकी कृषि विज्ञान केंद्र से भी इसके विषय में जानकारी ली जा सकती है। इसके साथ ही जो लोग मधुमक्खी पालन का काम कर रहे हैं, उनसे भी इसकी ट्रेनिंग ली जा सकती है। केंद्र सरकार आत्मनिर्भर भारत अभियान के तहत इस तरह के स्टार्टअप शुरू करने वालों को लागत का 40% तक सपोर्ट करती है।

स्ट्रॉबेरी की खेती

लॉकडाउन में चंडीगढ़ की वृत्ति ने भाई के साथ मिलकर स्ट्रॉबेरी की खेती शुरू की; आज 1100 से ज्यादा कस्टमर्स हैं, प्रति एकड़ 3 लाख कमाई

चंडीगढ़ की रहने वाली वृत्ति नरूला अपने भाई पार्थ नरूला के साथ मिलकर पिछले एक साल से स्ट्रॉबेरी की खेती कर रही हैं।

आज की पॉजिटिव खबर में बात चंडीगढ़ की रहने वाली वृत्ति नरूला और उनके भाई पार्थ नरूला की। दोनों मिलकर चार एकड़ जमीन पर स्ट्रॉबेरी की खेती करते हैं। साथ ही इसकी प्रोसेसिंग के बाद जेली, जैम जैसे प्रोडक्ट तैयार करके मार्केट में सप्लाई भी करते हैं। एक साल के भीतर 1100 से ज्यादा ग्राहक उनसे जुड़ गए हैं। हर दिन 100 के करीब उनके पास ऑर्डर आते हैं। इससे प्रति एकड़ 3 लाख रुपए से ज्यादा उनकी कमाई हो रही है।

26 साल की वृत्ति जूलरी डिजाइनर हैं जबकि 21 साल के पार्थ अभी ग्रेजुएशन कर रहे हैं। वृत्ति कहती हैं कि हमें स्ट्रॉबेरी बहुत पसंद है। बाहर से खरीदने पर अच्छी

स्ट्रॉबेरी महंगी मिलती थी। इसलिए हमने तय किया कि हम खुद ही इसे

उगाएंगे। हमारे पास थोड़ी बहुत जमीन थी, तो हमने पिछले साल की शुरुआत में

थोड़ी सी जमीन पर स्ट्रॉबेरी लगा दिए। मार्च तक स्ट्रॉबेरी तैयार हो गई। वृत्ति बताती

हैं कि उपज अच्छी हुई थी, हमने सोचा कि खुद के साथ-साथ इसे अपने परिचितों

और रिश्तेदारों को भी खिलाएंगे, लेकिन उसी दौरान कोरोना की वजह से

लॉकडाउन लग गया और हम प्रोडक्ट कहीं भेज नहीं सके।

29 साल की वृत्ति फैशन डिजाइनर हैं। वे स्ट्रॉबेरी की मार्केटिंग और
डिलीवरी संबंधी सभी काम संभालती हैं।

लॉकडाउन की वजह से बिजनेस शुरू करने का प्लान बना

वे कहती हैं कि थोड़े दिनों बाद रखे-रखे हमारी स्ट्रॉबेरी खराब होने लगी। उपज

ज्यादा थी और खपत कम। अब हमारे सामने सवाल था कि आखिर इसका करें तो

क्या करें? वृत्ति कहती हैं कि तब मैंने पार्थ के साथ मिलकर यह तय किया कि हम

लोग इसे चंडीगढ़ में ही लोगों के घरों तक पहुंचाएंगे क्योंकि लॉकडाउन की वजह

से लोग मार्केट से प्रोडक्ट नहीं खरीद पा रहे थे। इसके बाद हमने वॉट्सऐप ग्रुप

बनाया और उसमें अपनी स्ट्रॉबेरी की फोटोज डालने लगे। थोड़े समय बाद ही कुछ

लोगों की तरफ से ऑर्डर मिलने शुरू हो गए। फिर मैं अपने भाई के साथ मिलकर लोगों तक ऑर्डर डिलीवर करने लगी।

चूंकि हमारी स्ट्रॉबेरी एकदम फ्रेश और ताजी थी, हम खेत से निकालने के बाद सीधे ग्राहकों तक पहुंचाते थे, इसलिए लोग हमारे प्रोडक्ट की डिमांड करने लगे। इस तरह हमारे कस्टमर्स की संख्या बढ़ने लगी। हमने अलग-अलग सोशल मीडिया प्लेटफॉर्म पर खुद की मौजूदगी भी दर्ज कराई। इससे भी कस्टमर्स की संख्या में इजाफा हुआ। अभी हमारे पास 1100 से ज्यादा कस्टमर्स हैं। वृत्ति अभी चार एकड़ जमीन पर कुल 6 तरह की स्ट्रॉबेरी की खेती कर रही हैं। वे हिमाचल प्रदेश से इसके बीज लाती हैं।

21 साल के पार्थ अभी ग्रेजुएशन कर रहे हैं। वे स्ट्रॉबेरी के प्रोडक्शन से संबंधित सभी काम संभालते हैं।

वृत्ति बताती हैं कि पहले मैं भाई के साथ मिलकर सभी ऑर्डर डिलीवर करती थी, लेकिन जब कस्टमर्स बढ़ गए तो हमने एक कंपनी से टाइअप कर लिया, जो हमारे लिए प्रोडक्ट डिलीवरी का काम करती है। हमारी पूरी कोशिश रहती है कि लोगों तक एकदम फ्रेश फ्रूट पहुंचे। इसलिए हम खेत से हार्वेस्टिंग के बाद 6 घंटे के भीतर

कस्टमर्स तक प्रोडक्ट पहुंचा देते हैं। वे कहती हैं कि फिलहाल तो हम लोग चंडीगढ़ में अपने प्रोडक्ट की डिलीवरी कर रहे हैं, लेकिन आगे हमारी कोशिश है कि देश के दूसरे शहरों में भी हम अपना प्रोडक्ट भेजें। इसको लेकर हम तैयारी कर रहे हैं।

जब उपज बढ़ने लगी तो प्रोसेसिंग करना शुरू किया

वृत्ति बताती हैं कि उपज इतनी अच्छी हुई थी कि चंडीगढ़ में कई लोगों के घरों तक पहुंचाने के बाद भी स्ट्रॉबेरी बच जा रही थी। फिर हमने थोड़ा-बहुत रिसर्च किया कि आगे क्या कर सकते हैं। इसके बाद हमने इसकी प्रोसेसिंग करने का फैसला किया। इसमें मेरी मां ने बहुत हेल्प की। उन्होंने इसकी प्रोसेसिंग करके जेली, जैम, क्रश जैसे प्रोडक्ट बनाना शुरू किए। अभी करीब आधा दर्जन प्रोडक्ट हम तैयार कर रहे हैं और इसे मार्केट में सप्लाई कर रहे हैं। हमने फ्रेशविल नाम से इसका रजिस्ट्रेशन भी करा लिया है।

वृत्ति स्ट्रॉबेरी फ्रूट के साथ ही प्रोसेसिंग के बाद जेली, जैम, क्रश जैसे आधा दर्जन प्रोडक्ट तैयार करके मार्केट में सप्लाई कर रही हैं।

स्ट्रॉबेरी की खेती कैसे करें?

स्ट्रॉबेरी की खेती बहुत मुश्किल नहीं है। इसके लिए क्लाइमेट जरूर मायने रखता है, लेकिन अगर तैयारी के साथ इसकी खेती की जाए तो अच्छी उपज होगी। मानसून के खत्म होने से लेकर फरवरी तक इसकी खेती होती है। इसकी खेती के लिए सबसे जरूरी बात ये है कि हर दिन नियमित रूप से प्लांट्स को साफ करना होता है। सूखी पत्तियों को हटाना होता है। ताकि हार्वेस्टिंग के दौरान कोई परेशानी न हो। पौधों में नमी बनी रहे इसलिए ड्रिप इरिगेशन से सिंचाई करना फायदेमंद रहता है। हालांकि पानी से फसल को बचाना होता है। ज्यादा पानी इसके लिए नुकसानदायक हो सकता है।

कम लागत में ज्यादा मुनाफा

आजकल बड़े शहरों में स्ट्रॉबेरी की काफी अच्छी डिमांड है। बड़े-बड़े फू ड मार्केट में भारी मात्रा में स्ट्रॉबेरी की खपत होती है। खास करके फ्रेश स्ट्रॉबेरी को फ्रू ट डिलीवरी करने वाली कंपनियां सीधे-सीधे खरीद लेती हैं। कई लोग इसकी प्रोसेसिंग के बाद अलग-अलग तरह के प्रोडक्ट तैयार करके मार्के ट में सप्लाई करते हैं। वृत्ति बताती हैं कि अगर अच्छी तरह से इसकी खेती की जाए तो प्रति एकड़ कम से कम तीन लाख रुपए की कमाई आसानी से हो सकती है।

स्ट्रॉबेरी की खेती बहुत मुश्किल नहीं है। सिर्फ 30×40 स्क्वायर फीट जगह में 500 स्ट्रॉबेरी के पौधे लगाए जा सकते हैं।

सेहत के लिए फायदेमंद है स्ट्रॉबेरी

स्ट्रॉबेरी में कई सारे विटामिन और मिनरल्स होते हैं जो सेहत के लिए काफी लाभदायक होते हैं। इसमें विटामिन C, विटामिन A और विटामिन K पाया जाता है। जो रूप निखारने और चेहरे से कील-मुंहासे हटाने, आंखों की रोशनी बढ़ाने के साथ दांतों की चमक बढ़ाने में फायदेमंद होते हैं। इसके साथ ही जेली, आइसक्रीम [illegible]

होममेड ऑनलाइन स्टार्टअप

पति-पत्नी ने 2 साल पहले होममेड ऑनलाइन स्टार्टअप शुरू किया; आज हर महीने दो लाख रुपए कमा रहे, 5 लोगों को रोजगार भी दिया

रोहन सोनलकर और रुचिरा।

मुंबई के रहने वाले रोहन सोनलकर और उनकी पत्नी रुचिरा सोनलकर मिलकर पिछले दो साल से होममेड ऑनलाइन स्टार्टअप चला रहे हैं। वे प्रिजर्वेटिव फ्री सॉस, जैम, स्टोन ग्राउंडनट बटर, सेवरी स्प्रेड जैसे करीब दो दर्जन प्रोडक्ट की मार्केटिंग करते हैं। हर महीने 1500 से 2000 के करीब उनके प्रोडक्ट बिक रहे हैं। इससे वे मंथली दो लाख रुपए तक की कमाई कर रहे हैं।

42 साल के रोहन क्रिएटिव राइटर और डिजाइनर का काम करते थे। उन्होंने करीब 20 साल तक अलग-अलग कई कं पनियों में काम किया। जबकि रुचिरा एक कं पनी में बतौर प्रोडक्ट हेड काम कर रही थीं। 2014 में रुचिरा ने अपने बच्चे की केयर करने और उसके साथ ज्यादा वक्त बिताने के लिए कु छ सालों तक नौकरी से दूर रहने का फैसला लिया और नौकरी छोड़ दी।

इस दौरान रुचिरा के पास खुद के कामों के लिए कुछ वक्त बचने लगा। उन्होंने खाली वक्त में अलग-अलग तरह की रेसिपीज बनानी शुरू की। उनके लिए यह अनुभव अलग था, क्योंकि इसके पहले वो कभी खाना बनाने की शौकीन नहीं रही। इस दौरान उन्होंने महाराष्ट्र की कुछ ट्रेडिशनल रेसिपीज ट्राई की और रिश्तेदारों को टेस्ट कराया, जो उन्हें बहुत पसंद आया। इसके बाद उन्होंने कुछ सॉस और जैम भी बनाए। इसको भी उनके परिचितों ने खूब पसंद किया।

अपने पति रोहन के साथ रुचिरा। बिजनेस करने से पहले रुचिरा बतौर प्रोडक्ट मैनेजर एक कंपनी में काम कर चुकी हैं।

रिश्तेदारों को रेसिपीज पसंद आई तो स्टार्टअप का आया आइडिया

इसी बीच उनके एक दोस्त ने अपनी वाइफ की गोदभराई के लिए उनसे कॉन्टैक्ट किया। उस फंक्शन के लिए उन्हें स्प्रेडर बनाने के ऑर्डर मिले। रुचिरा ने वो ऑफर एक्सेप्ट कर लिया। और उन्होंने स्प्रेडर बनाकर दे दिए। उनके इस प्रोडक्ट की खूब तारीफ हुई। तब रुचिरा और उनके पति को लगा कि हम इस काम को प्रोफेशनली भी कर सकते हैं। इसके बाद 2018 में ट्रायल बेसिस पर अपने स्टार्टअप की शुरुआत की। प्रोडक्ट तैयार करने का काम रुचिरा करती थीं जबकि रोहन नौकरी साथ-साथ पार्ट टाइम उनकी मदद करते थे।

50 हजार रुपए की लागत से की बिजनेस की शुरुआत

रुचिरा बताती हैं कि हमने सोचा नहीं था कि कभी बिजनेस करेंगे, लेकिन जब लोग हमारे प्रोडक्ट की तारीफ करने लगे तो इससे हमारा मनोबल बढ़ा। हमने स्ट्रॉबेरी, हनी मस्टर्ड, मिर्च और पीनट बटर सहित 6 फ्लेवर में जैम के प्रोडक्ट तैयार किए। प्रोडक्शन से लेकर पैके जिंग तक का सारा काम हमने घर पर ही किया। इसके बाद हमने इसे लोगों को भेजना शुरू किया। ये सभी प्रोडक्ट उन्हें बहुत पसंद आए। फिर हमने 'नेटिव टंग' नाम से अपनी कंपनी रजिस्टर की और लाइसेंस भी लिया। इस काम में 20 से 25 हजार रु. लगे। बाकी 20 से 25 हजार रुपए रॉ मटेरियल और पैकिंग में खर्च हुए।

रुचिरा पहले खुद से रिसर्च और स्टडी करके प्रोडक्ट तैयार करती थीं। बाद में उन्हें लगा कि प्रोफेशनल लेवल पर काम के लिए ट्रेनिंग लेना जरूरी है, तो उन्होंने मैसूर के Central Sericultural Research Training Institute (CSRTI) से फूड प्रोसेसिंग का कोर्स किया और बाकायदा ट्रेनिंग भी ली।

रुचिरा और रोहन अभी करीब दो दर्जन होम मेड प्रोडक्ट तैयार कर रहे हैं। ये सारे प्रोडक्ट रुचिरा तैयार करती हैं।

आज तीन गुना कमा रहे मुनाफा

पिछले साल अक्टूबर में रोहन ने भी अपनी नौकरी छोड़ दी और फुल टाइम पत्नी के साथ काम करने लगे। अभी उनकी टीम में पांच और लोग भी काम करते हैं। जो प्रोडक्ट की पैकेजिंग से लेकर डिलिवरी तक का काम करते हैं। जबकि प्रोडक्ट की प्रोसेसिंग अभी भी रुचिरा ही करती हैं। रोहन बताते हैं कि त्योहारों के सीजन में हमारी कमाई ज्यादा होती है। जब लोग के डिमांड भी ज्यादा आते हैं। अभी हम लोग ऑनलाइन अपने पोर्टल से और सोशल मीडिया के जरिए ऑर्डर ले रहे हैं। हर महीने देशभर से हमें 1000 से ज्यादा ऑर्डर मिल जाते हैं। वे कहते हैं कि शुरुआत में हमने 50 हजार रुपए लगाए थे, लेकिन जैसे-जैसे काम बढ़ा, हम और अधिक इन्वेस्ट करते गए और अभी भी कर रहे हैं। हालांकि इस दौरान हमें लागत से तीन गुना मुनाफा मिल जाता है।

कैसे करते हैं काम?

रोहन लोकल किसानों और स्वयं सहायता समूह में काम करने वालों से रॉ मटेरियल खरीदते हैं। इसके बाद उसकी क्वालिटी टेस्ट करते हैं। फिर उनकी पत्नी और टीम मिलकर उन्हें अलग-अलग कैटेगरी में बांटती है। इसके बाद रुचिरा प्रोडक्ट की प्रोसेसिंग करती हैं। फिर उसकी पैकेजिंग की जाती है। इसके बाद इन प्रोडक्ट्स को सोशल मीडिया और अपनी वेबसाइट पर अपलोड कर देते हैं। उसके बाद ऑर्डर और डिलीवरी का काम होता है।

मार्केटिंग के लिए क्या करें?

40 साल की रुचिरा अपने प्रोडक्ट की प्रोसेसिंग के साथ ही ऑनलाइन ऑर्डर का काम भी संभाल लेती हैं।

रोहन कहते हैं कि आजकल सोशल मीडिया मार्केटिंग का सबसे बड़ा प्लेटफॉर्म है। इसके जरिए आप अपने बिजनेस की शुरुआत कर सकते हैं। इसके लिए ढेर सारे ऑनलाइन प्लेटफॉर्म हैं जहां आप अपने प्रोडक्ट का प्रमोशन आसानी से कर सकते हैं। अलग-अलग ग्रुप बनाकर भी आप लोगों के ऑर्डर ले सकते हैं। साथ ही अगर आप चाहें तो अपनी खुद की वेबसाइट बनाकर भी मार्केटिंग कर सकते हैं। आजकल तो कई ऐसे प्लेटफॉर्म हैं जहां कस्टमाइज वेबसाइट डिजाइन कर सकते हैं। इसके लिए अलग से किसी प्रोफेशनल की भी जरूरत नहीं है।

अपने स्टार्टअप को सफल कैसे बनाए?

कोई भी बिजनेस शुरू करने से पहले मार्केट रिसर्च बहुत जरूरी है। अलग-अलग लोकेशन के लिए अलग-अलग जरूरतें हो सकती हैं। इसलिए पहले हमें ये पता करना होगा कि हम जहां रहते हैं या जहां बिजनेस शुरू करना चाहते हैं, वहां किस चीज की, किसकी डिमांड है

रोहन और उनकी टीम ने एक कू रियर कंपनी से टाइअप किया है। जिसके माध्यम से वे देशभर में अपने प्रोडक्ट की सप्लाई करते हैं।

दूसरी बात कि हमें अपना प्रोडक्ट खास रखना होगा, ताकि बाहर उसके कम्पेयर के प्रोडक्ट न हों। यानी कोई न कोई ऐसी वजह होनी चाहिए जिससे लोग मार्केट का प्रोडक्ट न खरीदकर हमारा बनाया प्रोडक्ट खरीदें। ये वजह क्वालिटी से लेकर क्वांटिटी और प्राइस तक हो सकती है। इसलिए रिसर्च सबसे अहम पार्ट है।

तीसरी अहम बात यह है कि हमें कस्टमर्स ओरिएंटेड प्रोडक्ट बनाने होंगे। तभी हमारे बिजनेस को ग्रोथ मिलेगा। उनके फीडबैक के मुताबिक हमें अपना प्रोडक्ट अपग्रेड करना चाहिए। साथ ही टाइम और ट्रेंड के साथ अलग-अलग वैरायटी लॉन्च करना चाहिए।

खीरे की खेती

पिता की तबीयत खराब हुई तो इंजीनियरिंग की पढ़ाई छोड़नी पड़ी, अब खीरे की खेती से लाखों कमा रहे

गुजरात के सूरत जिले के रहने वाले प्रवीण पटेल नई तकनीक से खीरे की खेती करते हैं। इससे उनकी अच्छी-खासी कमाई हो रही है।

आज बात गुजरात के सूरत जिले के कामरेज तहसील में रहने वाले प्रवीण पटेल की। प्रवीण इंजीनियर बनना चाहते थे। पुणे के एक कॉलेज में उन्होंने दाखिला भी लिया, लेकिन पिता की तबीयत खराब होने की वजह से उन्हें पढ़ाई बीच में ही छोड़कर गांव लौटना पड़ा। गांव में रोजगार का कोई जरिया नहीं था और आगे पढ़ाई की गुंजाइश भी खत्म हो गई थी। लेकिन प्रवीण ने हार नहीं मानी और खेती करने का निर्णय लिया। वे अभी खीरे की खेती कर रहे हैं। इससे पिछले तीन महीने में 5 लाख रुपए की कमाई हुई है।

प्रवीण बताते हैं कि उनके पिता पारंपरिक खेती करते थे। इसमें बहुत ज्यादा आमदनी नहीं हो रही थी। उन्होंने भी कुछ सालों तक पारंपरिक खेती की, लेकिन

फिर उन्हें लगा कि जब खेती में ही करियर बनाना है तो कुछ नया तरीका अपनाना पड़ेगा। इसके बाद उन्होंने नई तकनीक के आधार पर खेती करने का प्लान किया। इसके लिए 2018 में वे इजराइल गए। वहां उन्होंने कई किसानों से मुलाकात की, कई एक्सपर्ट्स से मिले और खेती की नई तकनीक के बारे में जानकारी हासिल की। इजराइल से लौटने के बाद प्रवीण ने अपने गांव में नई तकनीक से खेती शुरू कर दी।

प्रवीण पटेल ने तीन साल पहले इजराइल से ट्रेनिंग लेने के बाद अपने गांव में नई तकनीक से खीरे की खेती शुरू की।

नई तकनीक से शुरू की खीरे की खेती

इजराइल से लौटने के बाद प्रवीण महाराष्ट्र गए, वहां से 45 हजार खीरे के बीज लाए। और आठ एकड़ जमीन पर इसकी खेती की। उन्होंने खीरे की खेती ठीक वैसे ही की, जैसा कि वह इजराइल से सीखकर आए थे। बीज लगाने के बाद उन्होंने 19 दिनों के लिए पॉलीप्रोपाइलीन कवर (ग्रो कवर) से बीज को ढंक दिया। इसका फायदा ये हुआ कि मौसम की मार और जानवरों से फसल सुरक्षित रही। इसकी वजह से मिट्टी में नमी भी बनी रहती है और खरपतवार का खतरा भी कम होता है।

इस दौरान वे टेलिफोन और ई-मेल के जरिए भी इजराइल के एक्सपर्ट्स से जानकारी लेते रहे। प्रवीण ने इजराइल की तकनीक से ही खरबूजे की खेती भी शुरू की। उन्होंने पॉलीप्रोपाइलीन ग्रो कवर से खरबूजे के बाहरी आवरण को सुरक्षित किया। इस टेक्नीक से न सिर्फ फसल पर मौसम का असर नहीं हुआ, बल्कि फसल पक्षियों से भी सुरक्षित रही।

वे बताते हैं कि इस फसल के लिए उन्हें राज्य सरकार से 38,500 रुपए की सब्सिडी मिली है, जबकि ड्रिप इरिगेशन के लिए 1.52 लाख रुपए की सब्सिडी मिली है।

प्रवीण अपने इलाके के प्रगतिशील किसान माने जाते हैं। वे दूसरे किसानों को भी नए तरीके से खेती की ट्रेनिंग देते हैं।

कम लागत में ज्यादा मुनाफा

प्रवीण के मुताबिक बीज रोपने के 75 दिनों बाद फसल तैयार हो जाती है। आठ एकड़ जमीन से 144 टन खरबूजे का प्रोडक्शन होता है। इससे 4 से 5 लाख रुपए की कमाई हो जाती है। वे बताते हैं कि आज तक मुझे फसल को बाजार के यार्ड तक ले जाने की जरूरत नहीं हुई। सोशल मीडिया, दोस्तों और परिचितों के ग्रुप से यहीं

बैठे-बैठे सौदा हो जाता है। पिछले साल तरबूज की फसल खरीदने सूरत से कई व्यापारी तो सीधे मेरे खेत तक आ गए थे। इसके साथ ही वे ये भी बताते हैं कि अगर 50 किलो से ज्यादा का ऑर्डर होता है, तो मैं खुद कस्टमर्स के घर तक इसकी डिलीवरी करवा देता हूं।

बच्चों को भी खेती में लाने का प्लान

एक ओर जहां किसान चेरी की खेती छोड़ रहे हैं, वहीं प्रवीण चाहते हैं कि उनके बच्चे एग्रीकल्चर यूनिवर्सिटी से अच्छी पढ़ाई करें। जिससे कि वे अधिक से अधिक बेहतर तरीके से खेती कर सकें। उन्होंने आगे कहा कि जागरूकता और नई चीजें सीखने की उत्सुकता ने आज उनकी आमदनी में बढ़ोतरी की है। इस साल उन्होंने कुछ चेरी के पौधे लगाए हैं। उन्हें उम्मीद है कि इससे भी अच्छी कमाई होगी।

प्रवीण खीरे की खेती के लिए पॉलीप्रोपाइलीन कवर का इस्तेमाल करते हैं। इससे फसल को किसी तरह का नुकसान नहीं पहुंचता है।

प्रवीण के मुताबिक ऑर्गेनिक खादों का इस्तेमाल कर अच्छा प्रोडक्शन हासिल किया जा सकता है। वे कहते हैं कि मैंने कभी भी उन केमिकल का उपयोग नहीं किया जिनसे मिट्टी को नुकसान पहुंचता है। खाद, गोमूत्र, नीम के अर्क का ही

अधिक उपयोग किया, ताकि यूरिया और DAP की भी जरूरत न पड़े। उन्होंने कहा कि कम पानी से अच्छी उपज प्राप्त करने के लिए ड्रिप इरिगेशन विधि से खेती करना फायदेमंद है।

इसके साथ ही प्रवीण कई किसानों का मार्गदर्शन भी कर रहे हैं। वे किसानों को आत्मनिर्भर बनाने के लिए उन्हें आधुनिक टेक्नोलॉजी से खेती करना सिखा रहे हैं, जिससे कि उनकी आय में बढ़ोतरी हो सके और वे आत्मनिर्भर बन सकें।

लेमन ग्रास की चाय

भागलपुर के रमन ने MBA के बाद खुद का स्टार्टअप शुरू किया, अब लेमन ग्रास से चाय बनाकर कमा रहे 5 लाख रुपए महीना

बिहार के भागलपुर के रहने वाले रमन कुमार अपने भाई रौनक कुमार के साथ। दोनों मिलकर लेमन ग्रास की फार्मिंग कर रहे हैं।

आज की पॉजिटिव खबर में बात बिहार के भागलपुर जिले के रहने वाले रौनक कुमार और रमन कुमार की। रौनक और रमन दोनों भाई हैं। वे एक सामान्य परिवार से ताल्लुक रखते हैं। रौनक ने इंजीनियरिंग की है जबकि रमन MBA ग्रेजुएट हैं। अभी दोनों मिलकर खुद का स्टार्टअप चला रहे हैं। वे लेमन ग्रास की खेती करते हैं और इससे चाय बनाकर देशभर में सप्लाई करते हैं। इस स्टार्टअप से हर महीने 4 से 5 लाख रुपए की कमाई हो रही है।

26 साल के रमन बताते हैं कि MBA के दौरान उन्होंने महसूस किया कि ज्यादातर बच्चे नौकरी की जगह स्टार्टअप को प्राथमिकता दे रहे हैं। इसलिए पहले सेमेस्टर

के दौरान ही उन्होंने एग्रोफीडर नाम से खुद की एक कं पनी रजिस्टर करा ली। चूंकि उनका फैमिली बैकग्राउंड खेती का रहा है तो उन्होंने भी इसी सेक्टर में काम करने का निर्णय लिया।

रमन कहते हैं कि मैंने खेती को बहुत करीब से देखा था। मुझे इसके तौर-तरीके मालूम थे। इसलिए मैंने तय किया कि अपने बिजनेस माइंड को खेती के काम में ही लगाया जाए। जिससे दूसरे किसानों को भी कुछ लाभ हो और उन्हें पलायन नहीं करना पड़े। यही सोचकर रमन ने 2018 में लेमन ग्रास की खेती शुरू की। बाद में रमन के बड़े भाई रौनक भी अपनी नौकरी छोड़कर इसी काम से जुड़ गए। अब रमन की पत्नी भी इस काम में दोनों का हाथ बंटाती हैं।

अपने लेमन ग्रास के खेत में कुछ लोगों के साथ सेल्फी लेते हुए रमन। इन्होंने तीन साल पहले लेमन ग्रास की खेती की शुरुआत की थी।

लॉकडाउन में चाय बनाने का मिला आइडिया

रमन बताते हैं कि शुरुआत में वे सिर्फ खेती करते थे। फसल तैयार होने के बाद लेमन ग्रास की पत्तियों को मार्केट में सप्लाई कर देते थे। उन्होंने कई लोगों से कॉन्ट्रैक्ट कर रखा था जो लेमन ग्रास से ऑयल या मेडिसिनल प्रोडक्ट तैयार

करते थे। इससे उन्हें अच्छी-खासी आमदनी हो जाती थी।

पिछले साल जब लॉकडाउन लगा तो उनका कारोबार बंद हो गया। उनकी पत्तियां नहीं बिकीं। ऐसे में रमन और रौनक ने ऑल्टरनेट प्लान के बारे में सोचना शुरू किया। इसको लेकर वे इंटरनेट से जानकारी जुटाने लगे। तब उन्हें पता चला कि इससे चाय तैयार की जा सकती है। जो इम्युनिटी बढ़ाने में भी कारगर साबित होगी।

रमन के साथ 10 लोगों की टीम काम करती है। जो लेमन ग्रास की खेती के साथ-साथ उसकी प्रोसेसिंग और मार्केटिंग का काम संभालती है। वे लोग लगातार सोशल मीडिया पर एक्टिव रहते हैं ताकि कोई भी कस्टमर रिस्पॉन्ड करे या ऑर्डर के लिए रिक्वेस्ट करे तो उसे सामान भेजा जा सके। अभी हर महीने वे 4 से 5 हजार पैकेट्स डिलीवर कर रहे हैं। इंडियन स्पीड पोस्ट के माध्यम से वे देशभर में अपने प्रोडक्ट की सप्लाई कर रहे हैं। इसके साथ ही उन्होंने कई शहरों में फ्रेंचाइजी दे रखा है। वे कोई प्रोग्राम या इवेंट ऑर्गेनाइज कराके भी अपने प्रोडक्ट की मार्केटिंग करते हैं।

अपने टीम मेंबर्स के साथ रमन। रमन की टीम में करीब 10 लोग काम करते हैं जो खेती से लेकर प्रोसेसिंग और मार्केटिंग का काम करते हैं।

रमन कहते हैं कि किसान के लिए प्रोडक्शन समस्या नहीं है। असल दिक्कत मार्केटिंग और प्राइसिंग को लेकर है। अगर हमने इन दो चीजों पर काम कर लिया तो खेती सबसे बड़ा बिजनेस सेक्टर है। इसमें ग्रोथ की कमी नहीं है। रमन अपनी खेती के साथ-साथ दूसरे किसानों से भी लेमन ग्रास खरीदते हैं और उससे चाय तैयार करते हैं। इससे उन किसानों को भी लाभ हो जाता है। उनके साथ एक दर्जन से ज्यादा ऐसे किसान जुड़े है।

कैसे तैयार करते हैं चाय?

रमन कहते हैं कि सबसे पहले लेमन ग्रास की पत्तियों को काटकर धूप में सुखाया जाता है। उसके बाद उसे एक-एक इंच के टुकड़े में काट लिया जाता है। इसके बाद इसमें मोरिंगा यानी सहजन का पाउडर, तुलसी पत्ता और अदरक मिलाया जाता है। इलायची फ्लेवर के लिए अदरक की जगह इलायची पाउडर मिलाते हैं। अभी वे 50 ग्राम के पैके ट में चाय बेचते हैं। इसकी कीमत उन्होंने 120 रुपए रखी है।

कैसे करें लेमन ग्रास की खेती?

रमन बताते हैं कि लेमन ग्रास की खेती बहुत ही आसान है। यह किसी भी मिट्टी पर हो सकती है। बस जलजमाव वाली जगह नहीं चाहिए। जरूरत के मुताबिक सालभर इसकी खेती की जा सकती है। पहली बार खेती करने पर फसल तैयार होने में 60 से 65 दिन का वक्त लगता है। जबकि दूसरी बार में सिर्फ 40 से 45 दिन लगता है। एक बार प्लांटिंग करने के बाद चार से पांच साल तक फसल का लाभ लिया जा सकता है। इसके लिए महीने में एक बार सिंचाई की जरूरत होती है।

रमन और उनकी टीम के लोग अलग-अलग शहरों में स्टॉल लगाकर अपने प्रोडक्ट की मार्केटिंग करते हैं। कई शहरों में उन्होंने फ्रेंचाइजी भी दे रखी है।

कम लागत में ज्यादा मुनाफा

लेमनग्रास की किसानी ज्यादा मंहगी नहीं हैं। इसके अलावा अन्य फसलों की अपेक्षा इसमें बीमारियां भी कम लगती हैं। कीट लगने की संभावना भी ना के बराबर है, इसलिए इस फसल में कीटनाशक छिड़कने की जरूरत ही नहीं पड़ती। एक एकड़ में लगाए गए लेमनग्रास के पौधे से एक कटाई में तकरीबन पांच टन तक पत्तियां निकलती हैं। इससे बड़ी संख्या में चाय के पैकेट्स और अगर आप चाहें तो तेल तैयार कर सकते हैं। लेमन ग्रास से निकलने वाला तेल कॉस्मेटिक्स, साबुन और तेल और दवा बनाने वाली कंपनियां यूज करती हैं, इस वजह से इसकी अच्छी कीमत मिलती है। अगर सही तरीके से इसकी खेती की जाए तो प्रति एकड़ चार लाख रुपए तक सालाना आराम से कमाई हो सकती है।

मंदिर में चढ़ाए गए फूल

मंदिर में चढ़ाए गए फूलों का इस्तेमाल; कानपुर के अंकित ने समस्या से निकाला करोड़ों की कमाई का रास्ता

कानपुर के अंकित अग्रवाल अपने एक चेक रिपब्लिक दोस्त के साथ गंगा किनारे बैठे थे। उस दिन मकर संक्रांति थी। विदेशी दोस्त ने गंगा के मटमैले पानी में सैकड़ों लोगों को नहाते देखा तो परेशान हो गया। पूछा- लोग इतने गंदे पानी में क्यों नहा रहे हैं? इसे साफ क्यों नहीं करते? सरकार और सिस्टम पर दोष लगाकर अंकित बात टालने लगे। विदेशी दोस्त ने कहा तुम खुद क्यों नहीं कुछ करते? इसी वक्त चढ़ावे के फूलों से लदा एक टेम्पो आकर रुका और अपना सारा कचरा गंगा जी में उड़ेल दिया। उसी वक्त अंकित के दिमाग में Phool स्टार्टअप का विचार आया।

आइडियाः मंदिर में चढ़ाए फूलों से अगरबत्ती और फ्लेदर

Phool मंदिरों में चढ़ाए गए फू लों को इकट्ठा करता है और उनकी प्रोसेसिंग करके अगरबत्ती, धूपबत्ती और फ्लेदर (फूलों से बना लेदर) बनाता है। इससे कचरा तो कम होता ही है, करोड़ों की कमाई और सैकड़ों लोगों को रोजगार भी मिलता है। Phool के फाउंडर अंकित बताते हैं, 'हम लोग रोजाना करीब साढ़े तीन टन फूल कानपुर के मंदिरों और तिरुपति से उठाते हैं। इससे अगरबत्ती और धूपबत्ती बनाते हैं। हमने ढाई साल की रिसर्च के बाद एक चमड़े का विकास किया है जो फूल से तैयार होता है।'

स्टार्टः 2 किलो फूल और 72 हजार रुपए से शुरुआत

Phool का आइडिया आने के बाद अंकित ने रिसर्च करनी शुरू की। वो बताते हैं, 'करीब दो महीने में मुझे समझ आ गया कि मंदिरों से जो फूल निकलता है उसका

कोई समाधान नहीं है। कुछ लोग खाद वगैरह बनाते हैं, लेकिन उससे कोई खास कमाई नहीं होती। मैंने 2 किलो फूल और 72 हजार रुपए से शुरुआत की। अपने आइडिया के साथ IIT, IIM और अन्य संस्थानों की प्रतियोगिताओं में जाने लगा। इनके जरिए ही मैंने 20 लाख रुपए इकट्ठा कर लिए। एक साल बाद मैंने अपनी नौकरी छोड़ दी और पूरी तरह स्टार्टअप में लग गया।'

इसके बाद अंकित ने अपने कॉलेज के दोस्त अपूर्व को साथ जुड़ने के लिए राजी किया। अपूर्व उस वक्त बेंगलुरु में एक बड़ी कं पनी में मार्केटिंग की नौकरी करते थे। अंकित कहते हैं, 'Phool का आइडिया भले ही मेरा था लेकिन इसे एक ब्रांड बनाने में अपूर्व का बड़ा योगदान है।'

स्ट्रगलः फूल देने के लिए राजी नहीं थे मंदिर

अपूर्व बताते हैं, 'सबसे बड़ी समस्या थी मंदिर में जाकर लोगों को राजी करना कि वे फूल पानी में फेंकने की बजाए हमें दे दें। लोगों को बताया कि हम 'तेरा तुझको अर्पण' प्रथा को आगे बढ़ा रहे हैं। यानी हम मंदिरों से फूल लेकर अगरबत्ती और धूपबत्ती बनाते हैं जो भगवान को ही अर्पित होता है। लोगों की आस्था के साथ कोई खिलवाड़ नहीं किया जा रहा।'

पूरे प्रॉसेस के बारे में अपूर्व बताते हैं, 'हम मंदिरों में जाकर अपनी गाड़ियों से फूल उठा लेते हैं। फैक्ट्री में लाकर फूलों से नमी हटाई जाती है और उन्हें सुखाया जाता है। इसके बाद फूल के बीच का भाग और पत्तियां अलग कर लेते हैं। दोनों का अलग-अलग इस्तेमाल होता है। फिर इसे एक मशीन में डालकर पेस्टिसाइड वगैरह को अलग करते हैं। इतने प्रॉसेस के बाद ये एक पाउडर बन जाता है। इसे आटे की तरह गूंथ लिया जाता है और हाथों से अगरबत्ती और धूपबत्ती बनाई जाती है। इसके बाद प्राकृतिक खुशबू में डुबोकर पैकिंग कर दी जाती है।'

चढ़ावे के फूलों को साफ करती महिलाएं (साभार- Phool.co)

फं डिंग: लॉकडाउन का कठिन दौर और फिर 10 करोड़ की फंडिंग

Phool ने शुरुआत में सोशल अल्फा, DRK फाउंडेशन, IIT कानपुर और कुछ अन्य संस्थाओं से 3.38 करोड़ रुपए के फंड जुटाए। इससे उनका काम ट्रैक पर आ गया। फिर आया कोरोना का दौर। अपूर्व बताते हैं, 'लॉकडाउन के ढाई महीने में कं पनी के पास कोई आमदनी नहीं थी लेकिन खर्च बरकरार था। मैनेजमेंट टीम ने ढाई महीने कोई सैलरी नहीं ली। हमारे पास सिर्फ 4 महीने के लिए कंपनी चलाने के पैसे बचे थे।'

इसके बाद अगस्त 2020 में Phool को IAN फंड (स्टार्टअप को फंड देने वाली संस्था) और सैन फ्रांसिस्को के ड्रेपर रिचर्ड्स कपलान फाउंडेशन ने मिलकर 1.4 मिलियन डॉलर यानी करीब 10.40 करोड़ रुपए की फंडिंग दी है। कं पनी का कहना है कि रूटीन खर्च के लिए वो अपने प्रोडक्ट से कमाई कर लेते हैं। फंडिंग का इस्तेमाल रिसर्च एंड डेवलप्मेंट के काम में किया जाएगा।

फूलों की पत्तियां और बीच का भाग अलग किया जाता है और
इसका इस्तेमाल अगरबत्ती बनाने में होता है (साभार- Phool.co)

टारगेटः इस कॉन्सेप्ट को दुनिया भर में ले जाने का लक्ष्य

अपूर्व बताते हैं, 'सितंबर 2018 में हमने पहला प्रोडक्ट हमारी वेबसाइट से बेचा था।
उस वक्त दिन के दो या तीन ऑर्डर आते थे। आज हमें रोजाना 1 हजार ऑर्डर
मिलते हैं। इसके आगे का हमारा ये स्टेप होगा कि क्या हम इस कॉन्सेप्ट को ग्लोबल
लेवल तक लेकर जा सकते हैं। अगरबत्ती का मार्केट छोटा है इसलिए हम लेदर पर
पूरा फोकस कर रहे हैं।'

अपूर्व कहते हैं, 'मैं बेंगलुरु में टॉप कंपनियों के साथ मार्केटिंग में काम करता था।
जब मैंने पिताजी को बताया कि मुझे कानपुर जाकर कुछ करना है तो उन्होंने कहा-
बेंगलुरु से लोग सिंगापुर जाते हैं। कानपुर कोई नहीं जाता, लेकिन मुझे पता था कि
सबसे बुरा क्या होगा। यही कि हम फेल हो जाएंगे। लेकिन सबसे अच्छा क्या होगा
इसकी कोई सीमा नहीं है।'

नर्सरी

25 साल के अनिल के पास जमीन नहीं है; फिर भी खेती से लाखों रुपए कमा रहे, 50 से ज्यादा घरों में लगा चुके हैं नर्सरी

राजस्थान के जयपुर में रहने वाले अनिल थडानी फूलों की नर्सरी तैयार करते हैं। खुद के साथ-साथ वे दूसरे घरों में भी नर्सरी लगाने का काम करते हैं।

राजस्थान के जयपुर में रहने वाले अनिल थडानी के पास न खुद की जमीन है और न ही उनका फैमिली बैकग्राउंड खेती का रहा है। फिर भी वे एक सफल किसान हैं। उनके पास पांच हजार से ज्यादा फूलों और सब्जियों के प्लांट्स हैं। दो हजार से ज्यादा किसानों को ट्रेनिंग दे चुके हैं। 50 से ज्यादा घरों को वे फूलों और सब्जियों के गार्डन के रूप में बदल चुके हैं। इसके साथ ही 100 से ज्यादा उनके रेगुलर कस्टमर्स हैं जिन्हें वे फूलों और सब्जियों के बीज सप्लाई करते हैं। अनिल ने 6 महीने से भी कम वक्त में तीन लाख से ज्यादा की कमाई की है।

अनिल के पिता एक गौशाला में काम करते हैं, जबकि उनकी मां हाउस वाइफ हैं। अनिल की शुरुआती पढ़ाई जयपुर में हुई। उसके बाद उन्होंने अजमेर से एग्रीकल्चर में ग्रेजुएशन और फिर इलाहाबाद से एग्रीकल्चर में ही मास्टर्स किया। 2018 में उनकी जॉब लग गई और वे एक कॉलेज में पढ़ाने लगे।

पढ़ाई के दौरान फार्मिंग से लगाव हो गया

अनिल ने 2018 में नौकरी छोड़कर खुद के घर पर ही नर्सरी लगाने की शुरुआत की। वे दूसरे किसानों को बीज प्रोवाइड कराते हैं।

25 साल के अनिल कहते हैं कि मेरा फैमिली बैकग्राउंड खेती का नहीं रहा, लेकिन पढ़ाई के दौरान हमें किसानों के साथ काम करने और उनके काम को समझने के लिए गांवों में भेजा जाता था। हमारे प्रोजेक्ट वर्क में भी फार्मिंग के काम थे। इसके अलावा मेरे साथ पढ़ने वाले कई दोस्त किसान फैमिली से थे। अक्सर उनसे खेती को लेकर चर्चा होती रहती थी। इसलिए फार्मिंग के प्रति मेरा लगाव बढ़ता गया।

नौकरी छोड़कर बन गए किसान

2018 में नौकरी के साथ-साथ पायलट प्रोजेक्ट के तौर पर अनिल ने फार्मिंग की शुरुआत की। वे उन किसानों के लिए फार्मिंग करने लगे जिनके पास अपनी जमीन

थी। इसी बीच उन्हें सॉइल लेस (बिना जमीन के) फार्मिंग के बारे में पता चला और उन्होंने उस पर काम करना शुरू कर दिया।

साल 2020 में अनिल ने अपनी नौकरी छोड़ दी और नर्सरी का काम शुरू किया। उन्होंने कुछ गमले खरीदे और अपनी छत और घर की दीवारों को फूलों की नर्सरी में तब्दील कर दिया। उन्होंने एक दर्जन से ज्यादा वैराइटी के फूल और सब्जियां लगाईं।

इसी बीच कोरोना के चलते लॉकडाउन लग गया। घर से बाहर जाना और चीजें खरीदना बंद हो गया। इसका असर उनके काम पर भी हुआ। हालांकि, अनिल ने हार नहीं मानी और लगातार मेहनत करते रहे। जब लॉकडाउन खत्म हुआ तो उन्होंने अपनी नर्सरी में तैयार फूलों और सब्जियों के बीजों की मार्केटिंग शुरू की।

बिना जमीन के कैसे करते हैं फार्मिंग?

अनिल की खासियत है कि वह उन जगहों पर भी फार्मिंग कर रहे हैं जहां जमीन नहीं है। यानी छत और घर की दीवारों पर। अभी वे तीन तरह की फार्मिंग कर रहे हैं।

- वर्टिकल फार्मिंग :

तस्वीर वर्टिकल फार्मिंग की है। इसमें घर की दीवारों पर फूल लगाए जाते हैं। इनडोर फार्मिंग के लिए यह बेहतर विकल्प है।

इस विधि में घर की दीवारों पर फार्मिंग होती है। इसके लिए गमलों से बनी एक आकृति घर की दीवारों पर लगा दी जाती है। फिर उसमें ऑर्गेनिक खाद, मिट्टी डाल दी जाती है। इसके बाद फूलों के बीज लगा दिए जाते हैं। इसकी बनावट ऐसी होती है कि एक जगह पानी डालने पर सभी गमलों में पहुंच जाता है। इनडोर उगने वाले प्लांट्स इसके लिए सबसे उपयुक्त होते हैं। इस तरह की खेती की शुरुआत 8 से 10 हजार रुपए से की जा सकती है।

- टेरेस गार्डनिंग :

तस्वीर टेरेस गार्डनिंग की है। इसमें घर की छत या फर्श पर बैग में मिट्टी और खाद डालकर प्लांटिंग की जाती है।

इस तरह की फार्मिंग में घर की छत या द्वार के फर्श का इस्तेमाल किया जाता है। इसके लिए प्लांट्स की जरूरत के मुताबिक प्लास्टिक बैग (ग्रो बैग) लिए जाते हैं। उनमें खाद और मिट्टी डाल दी जाती है। फिर उसमें प्लांट्स लगा दिए जाते हैं। आप चाहे तो पुरानी बाल्टी या डिब्बे का भी इस्तेमाल कर सकते हैं। इस तरह की खेती सब्जियों और फलों के लिए बेहतर होती है। छत पर आप आसानी से फलियां, बैंगन, टमाटर और मिर्च जैसी सब्जियां उगा सकते हैं। अगर आपके पास ज्यादा जगह है तो आप जड़ वाली सब्जियां जैसे आलू, गाजर भी उगा सकते हैं। इस तरह की खेती की शुरुआत 3 से 5 हजार रुपए से की जा सकती है।

- ## हाइड्रोपोनिक विधि :

तस्वीर हाइड्रोपोनिक फार्मिंग की है। इसमें पाइप से बनी आकृति में फूलों की खेती होती है। इसमें मिट्टी की जरूरत नहीं होती है।

इस तरह की खेती एडवांस फार्मिंग की कैटेगरी में आती है। इसमें अलग-अलग साइज के पाइप को मिलाकर एक आकृति बना दी जाती है। इस विधि में मिट्टी की जरूरत कम पड़ती है। सिर्फ वर्मीकम्पोस्ट से ही काम चल जाता है। इस उपकरण को लगाने के लिए कम से कम 5 फीट लंबी और 2.5 इंच चौड़ी जगह की जरूरत पड़ती है। इसमें एक साथ 48 पौधे उगाए जा सकते हैं। फूलों और सब्जियों की नर्सरी के लिए ये तरीका बेहतर विकल्प है। इस तरह की खेती की शुरुआत 8 से 10 हजार रुपए से की जा सकती है।

कैसे करते हैं बिजनेस?

अनिल की अपनी नर्सरी है। जहां 5 हजार से ज्यादा प्लांट्स हैं। वे किसानों के लिए फल, फूल और सब्जियों के बीज उपलब्ध कराते हैं। जयपुर, पटना सहित देश के कई बड़े शहरों में वे बीज भेजते हैं। इसके साथ ही वे फार्मिंग कंसल्टेंसी का भी काम करते हैं। वे दूसरे के घरों में नर्सरी लगाते हैं। जयपुर और पटना में 50 से ज्यादा घरों

को वे नर्सरी में तब्दील कर चुके हैं। अनिल कहते हैं कि लोगों की जरूरत और डिमांड के मुताबिक हम उनके घर में नर्सरी तैयार करते हैं। इसके लिए मेरे पास अपनी टीम है। जो लोग वर्टीकल, टेरेस या हाइड्रोपोनिक फार्मिंग का सेटअप लगवाना चाहते हैं, हम उन्हें बीज से लेकर मेंटेनेंस तक की सर्विसेज प्रोवाइड कराते हैं।

अनिल उन किसानों को भी फार्मिंग की सर्विस प्रोवाइड कराते हैं जिनके पास जमीन होती है लेकिन वे खेती करने में सक्षम नहीं होते हैं।

इसके साथ ही वे किसानों को ट्रेनिंग भी देते हैं और उनके लिए भी सर्विस प्रोवाइड कराते हैं। जैसे किसी के पास जमीन है, लेकिन वह खेती करने में सक्षम नहीं है तो उस स्थिति में अनिल उसकी मदद करते हैं। उसकी जरूरत के मुताबिक बीज की बुआई से लेकर मार्केटिंग का काम भी उनकी टीम देखती है।

नई तकनीक से क्या है फायदा?

अनिल बताते हैं कि बिजनेस और खुद की जरूरतों के लिए भी इस तरह की तकनीक फायदेमंद है। अगर कोई अपने घर में इस तरह की फार्मिंग करता है तो बिजनेस के साथ-साथ खुद के लिए सब्जियां और फल उगा सकता है। इसमें खर्च

भी बहुत ज्यादा नहीं आता है। एक कॉमन फैमिली 15 हजार खर्च करने के बाद साल भर सब्जियां प्राप्त कर सकती है। इसके साथ ही जिसके पास छत पर स्पेस है या उसका घर बड़ा है तो वह इससे कमाई भी कर सकता है। अनिल अभी हर महीने 50 हजार रुपए कमा रहे हैं। वे कहते हैं कि अगर लॉकडाउन नहीं लगा होता तो कमाई और अधिक हो रही होती।

योरशेल-पीजी की प्रॉब्लम

18 साल की उम्र में शुरू किया स्टार्टअप, तीन साल में 20 करोड़ पहुंचा टर्नओवर

स्टूडेंट्स को व्यवस्थित पीजी उपलब्ध कराने के लिए सनी ने अपनी दोस्त शेफाली के साथ मिलकर योरशेल की स्थापना की। जिसे स्टैंजा लिविंग ने एक्वायर कर लिया।

आज की पॉजिटिव खबर दिल्ली के रहने वाले 23 साल के सनी गर्ग की। जिन्होंने ग्रेजुएशन सेकंड ईयर में पढ़ते हुए स्टूडेंट्स की प्रॉब्लम को देखा और समझा। 2018 में महज 18 साल की उम्र में 'योरशेल' नाम से एक स्टार्टअप शुरू किया जहां वो स्टूडेंट्स को एक व्यवस्थित पीजी की सुविधा उपलब्ध कराते थे। तीन साल में ही उनकी कंपनी का टर्नओवर 20 करोड़ रुपए तक पहुंच गया।

कोरोना की शुरुआत से पहले नवंबर 2019 में इसी सेक्टर में काम करने वाली एक बड़ी कंपनी स्टैंजा लिविंग ने उनकी कंपनी को खरीद लिया। इससे मिले पैसों से लॉकडाउन के दौरान ही साल 2020 में सनी ने अपनी दोस्त शेफाली जैन के साथ

मिलकर एक नए स्टार्टअप 'एई सर्किल' की शुरुआत की है, जिसके जरिए वो स्टार्टअप शुरू करने वालों की मदद करते हैं।

पारंपरिक बिजनेस फैमिली से ताल्लुक रखने वाले सनी हमेशा से ही नए बिजनेस आइडिया की तलाश में रहते थे।

सनी कहते हैं, 'स्टार्टअप का मतलब है, एक प्रॉब्लम को पहचानना, उसे सॉल्व करना और उसको मोनेटाइज करना। मैंने कॉलेज के कई लोगों से उनकी परेशानियां पूछी तो एक कॉमन प्रॉब्लम सामने आई, वो थी पीजी की प्रॉब्लम। जब कोई बाहर का स्टूडेंट दिल्ली यूनिवर्सिटी आता है तो उसे सबसे पहले रहने का इंतजाम करना होता है और पीजी ढूंढना इतना आसान नहीं है। मैंने सोचा ये प्रॉब्लम तो हम लोग सॉल्व कर सकते हैं, लेकिन उस वक्त एडमिशन सीजन में सिर्फ 15 दिन बचे थे। अगर मैं ऐप, वेबसाइट बनाने में समय गंवाता तो ये मौका मेरे हाथ से निकल जाता।'

वो बताते हैं कि मैंने कुछ दोस्तों की मदद ली, कुछ इंटर्न हायर किए। फिर कुछ पीजी से टाई अप किया और कुछ पोस्टर्स छपवाकर सभी कॉलेज के बाहर लगवा दिए। हमने तय किया कि हम स्टूडेंट्स की एडमिशन में मदद करेंगे फिर वो अपने आप पूछेगा कि पीजी कहां लेना सही होगा। हमने स्ट्रैटजी बनाकर 20 से 25 दिनों

तक ये काम किया, इस दौरान हमने 2500 से ज्यादा स्टूडेंट्स की मदद की। इनमें से करीब 300 लोगों को पीजी दिलाए। इन 20 दिनों में हमारा नेट प्रॉफिट था 7.5 लाख रुपए।

जिन बच्चों को पीजी दिलाया, उन्होंने खरी-खोटी सुनाई तो आया योरशेल का आइडिया

सनी बताते हैं, 'जुलाई 2017 की बात है, मुझे बच्चों के फोन आने लगे कि पीजी दिलाते वक्त जो वादे किए गए थे, वो पूरे नहीं किए गए। इसके लिए लोगों ने मुझे बहुत खरी-खोटी सुनाई, तब मुझे अहसास हुआ कि पीजी ढूंढना प्रॉब्लम नहीं है, अच्छे पीजी का ना होना समस्या है। इसी समय पर मुझे योरशेल का आइडिया आया। इस बिजनेस के लिए मुझे प्रधानमंत्री नरेंद्र मोदी की 'स्टैंडअप इंडिया-स्टार्टअप इंडिया' स्कीम के तहत 35 लाख रुपए का लोन लिया। कुछ पैसा मार्केट से ब्याज पर उठाया और 150 बेड से योरशेल की शुरुआत की थी। पहले साल में बहुत अच्छा रिस्पांस रहा था। बिजनेस शुरू करने के 15 दिन के अंदर ही हमारे सभी सीटें फुल हो गई थीं।'

अपने बिजनेस मॉडल के बारे में सनी बताते हैं कि इसके लिए हम लीज पर बिल्डिंग और फ्लैट लिया करते थे। फिर उसे फर्निश्ड कराते थे, उसमें सर्विस प्रोवाइड करते थे और वो प्रति बेड के हिसाब से किराए पर देते थे। योरशेल में सनी के साथ शेफाली जैन, विशेष कुंगर और गौरव वर्मा भी फाउंडर थे। जब सनी ने अपना स्टार्टअप शुरू किया था, तब उनका एडमिशन इंडियन स्कूल ऑफ बिजनेस, हैदराबाद में हुआ था, लेकिन अपने स्टार्टअप की वजह से उन्होंने एडमिशन नहीं लिया। इस वजह से परिवार के लोग काफी नाराज भी हुए।

योरशेल बेचने के बाद सनी गर्ग अब नए स्टार्ट अप्स को
फाइनेंशियल और लीगल प्रॉब्लम का सॉल्यूशन देते हैं।

'लॉकडाउन में हम बहुत खुश थे कि हम बच गए'

सनी बताते हैं, 'नवंबर 2019 की बात है, स्टैंजा लिविंग ने हमें कॉन्टैक्ट किया और कहा कि आप लोग अच्छा काम कर रहे हो। हम चाहते हैं आप हमारे साथ मिलकर काम करें। उस समय हम किसी के साथ काम तो नहीं करना चाहते थे, बस ये था कि हमारे खड़े किए वेंचर को प्रॉपर इज्जत और केयर मिलेगी और वो कंपनी हमसे बेहतर उसकी केयर कर सकते थे। जब हमने अपना स्टार्टअप बेचा था, तब हम खुश नहीं थे, लेकिन कहते हैं ना जब कोई काम अच्छी नीयत से करो तो भगवान भी आपको सपोर्ट करता है। लॉकडाउन में हम बहुत खुश थे कि हम बच गए।

[illegible] हॉस्पिटैलिटी इंडस्ट्री के लिए

2020 बहुत खराब गया।

अब AE सर्किल के जरिए देते हैं स्टार्टअप में आने वाली हर प्रॉब्लम का सॉल्यूशन

अपने मौजूदा स्टार्टअप 'AE सर्किल' के बारे में सनी बताते हैं कि इसके जरिए वो एक सर्किल बना रहे हैं। AE का मतलब है एनीथिंग एंड एवरीथिंग। यानी एक स्टार्टअप शुरू करने में जो भी दिक्कत आती है मसलन, फाइनेंशियल और लीगल से जुड़ी प्रॉब्लम का सॉल्यूशन देते हैं। इसके अलावा उन्होंने मार्केटिंग, प्रोडक्शन और प्रिंटिंग बिजनेस में भी इंवेस्टमेंट किया है।

फूड स्टार्टअप

लॉकडाउन में नौकरी गई तो घर से ही फू ड स्टार्टअप शुरू किया, तीन महीने में सौ से ज्यादा कस्टमर्स बने, अब हर महीने 60 हजार की कमाई

देहरादून की रहने वाली मालती हलदार ने पिछले साल दिसंबर में एक फूड स्टार्टअप शुरू किया है। जहां वे खुद खाना तैयार कर ग्राहकों तक पहुंचाती हैं।

आज की खुद्दार कहानी में बात देहरादून की रहने वाली मालती हलदार की। करीब दो दशकों तक मालती ने अलग-अलग कंपनियों में जॉब किया। अच्छा खासा पैके ज था, लेकिन लॉकडाउन के दौरान उनकी जॉब चली गई। 5-6 महीने तक उन्होंने जॉब के लिए कोशिश की। कई जगह अप्लाई किया, लेकिन कहीं से पॉजिटिव रिस्पॉन्स नहीं मिला। इस बीच जो कु छ सेविंग्स थीं, वो भी खत्म हो गई। इसके बाद पिछले साल दिसंबर में मालती ने अपने घर से ही एक फूड स्टार्टअप की शुरुआत की। अभी वे दो दर्जन से ज्यादा डिशेज रोज तैयार करती हैं। और हर महीने 60 हजार रुपए की कमाई हो रही है।

मालती हलदार का परिवार 60 के दशक में पूर्वी पाकिस्तान (जो अब बंग्लादेश है) से भारत आया था। उनका परिवार खेती से जुड़ा रहा। पिता वेटरनरी में काम करते हैं। मालती की शुरुआती पढ़ाई उत्तराखंड के रुद्रपुर में हुई, इसके बाद गढ़वाल यूनिवर्सिटी से उन्होंने मास्टर्स किया। अभी पीएचडी कर रही हैं। इसके साथ ही मालती 'यूएन वुमेन सिविल सोसायटी एडवाइजरी कमेटी' की सदस्य भी हैं।

मालती हलदार खुद से ही अलग-अलग तरह की रेसिपीज तैयार करती हैं और फिर ग्राहकों के पास डिलीवर करवाती हैं।

39 साल की मालती बताती हैं कि लॉकडाउन का पीरियड उनके लिए सबसे मुश्किल भरा रहा। महीनों तक कोशिश करने के बाद भी कहीं से बेहतर रिस्पॉन्स नहीं मिला रहा था, ऊपर से फाइनेंशियल प्रेशर भी बढ़ता जा रहा था। इसलिए अब कुछ न कुछ शुरू करना ही था।

घर से ही शुरू किया फूड स्टार्टअप

मालती कहती हैं, 'चूंकि मैं बंगाली फैमिली से आती हूं, इसलिए मुझे नॉनवेज रेसिपीज बनाने का शौक था। मैं अलग-अलग तरह की डिशेज बना लेती थी। इसलिए मैंने तय किया कि अब इसी सेक्टर में कुछ काम शुरू किया जाए।' पिछले

साल दिसंबर में मालती ने Mal_Cui नाम से होम किचन बेस्ट स्टार्टअप की शुरुआत की। और खुद ही डिशेज तैयार करके लोगों तक पहुंचाने लगीं। वे कहती हैं कि देहरादून में पहाड़ी मछली का बंगाली टेस्ट उनकी USP है।

सोशल मीडिया की मदद से मार्केट डेवलप किया

मालती अभी दो दर्जन से ज्यादा रेसिपीज बनाती हैं। इसमें चिकन बिरयानी भी शामिल है।

मालती पहले से ही सोशल मीडिया पर एक्टिव रही हैं। इसलिए जब उन्होंने अपना काम शुरू किया तो इसकी जानकारी उन्होंने सोशल मीडिया पर शेयर की। फिर उन्होंने अपने स्टार्टअप के नाम से पेज बनाया और प्रमोशन करना शुरू किया। इस दौरान अपने परिचितों को भी फोन कर अपने बिजनेस के बारे में इन्फॉर्म किया। इस तरह कारवां बढ़ता गया। एक से दो, दो से 10 ऐसे करके संख्या बढ़ती गई। अभी हर दिन करीब 40 ऑर्डर उनके पास आते हैं। 100 से ज्यादा उनके पास रेगुलर कस्टमर्स हैं।

पांच लोगों को रोजगार भी दिया

मालती अभी देहरादून में ही अपने प्रोडक्ट की सप्लाई कर रही हैं। उन्होंने अपने साथ 5 लोगों को काम पर रखा है। इनमें 4 महिलाएं और 1 पुरुष शामिल हैं। ये लोग मालती के साथ मार्केटिंग करने और फू ड डिलीवरी में मदद करते हैं।

दादी से सीखा अलग-अलग तरह की डिशेज बनाना

मालती बताती हैं कि बंगाली फैमिली से ताल्लुक रखने के चलते हम लोग हमेशा से खाने को लेकर शौकीन रहे हैं। खास करके नॉनवेज फूड आइटम्स। मेरी दादी हर तरह की रेसिपीज बनाना जानती थीं। मैं छोटी थी तब से ही उनसे ये सभी रेसिपीज बनाना सीखती थी। अभी भी मुझे तरह-तरह के डिशेज बनाना पसंद है। अपना सारा डिश मैं ही तैयार करती हूं।

मालती अभी करीब 20 तरह के फिश आइटम, चिकन बिरयानी, नारियल के लड्डू, मलाई कोफ्ता सहित दो दर्जन से ज्यादा डिशेज बनाती हैं। खास बात यह है कि इन्हें बनाने में वो कोई हानिकारक केमिकल यूज नहीं करती हैं। हर चीज वे नैचुरली तैयार करती हैं।

आगे फूड चेन बनाने का इरादा है

मालती आगे एक फूड चेन शुरू करना चाहती हैं ताकि देहरादून के बाहर भी लोगों को बढ़िया खाना मिल सके। इसमें वे उन महिलाओं को जोड़ेंगी जो आर्थिक रूप से कमजोर हैं या विधवा हैं। वे कहती हैं कि अमूमन खाना पकाने में महिलाओं की दिलचस्पी रहती है और वो बेहतर खाना भी पकाती हैं। तो क्यों न उन्हें आर्थिक रूप से मजबूत बनाया जाए, ताकि उन्हें किसी सहारे की जरूरत नहीं पड़े। मालती ने देहरादून में एक जगह बुक कर ली है। आने वाले दिनों में वे रेस्टोरेंट भी शुरू करेंगी। ताकि ज्यादा से ज्यादा लोग उनके हाथ की बनाई रेसिपीज का लुत्फ ले सकें।

विद्याकुल-स्टेट बोर्ड के बच्चों का ई-लर्निंग प्लेटफॉर्म

स्टेट बोर्ड में पढ़ने वाले आपके बच्चे के काम का प्लेटफॉर्म; ऑस्ट्रेलिया से आइडिया लेकर तरुण ने भारत में ऐसे शुरू किया विद्याकुल

अंबाला के तरुण सैनी हायर स्टडीज के लिए ऑस्ट्रेलिया गए। पढ़ाई के बाद वहीं सेल्समैन की नौकरी शुरू कर दी। डोर टू डोर प्रोडक्ट बेचने के दौरान उन्होंने वहां के एजुके शन सिस्टम को करीब से देखा। ऑस्ट्रेलिया के दूर-दराज के गांवों में बच्चों की ऑनलाइन पढ़ाई का इन्फ्रास्ट्रक्चर सरकार खुद तैयार करती है। तरुण को अपने स्कूल के दिन याद आ गए जब उन्हें पढ़ाई के लिए रोजाना करीब 30 किमी सफर करना पड़ता था। उनके दिमाग में विचार आया कि भारत के छोटे शहरों और गांवों के बच्चों को क्यों न सस्ती ऑनलाइन एजुके शन से जोड़ा जाए। यहीं से 'विद्याकु ल' का कॉन्सेप्ट तैयार हुआ।

आइडिया: छोटे शहरों के बच्चों का ई-लर्निंग प्लेटफॉर्म

विद्याकुल एक ऑनलाइन पढ़ाई का प्लेटफॉर्म है। इसमें ऐप, वेबसाइट और यूट्यूब के जरिए स्टेट बोर्ड के बच्चों को उनकी भाषा में लाइव क्लासेस, नोट्स और असाइनमेंट उपलब्ध करवाए जाते हैं। फिलहाल ये हिंदी और गुजराती में चल रहा है।

विद्याकुल के फाउंडर तरुण सैनी बताते हैं, 'कोई भी स्टूडेंट प्ले स्टोर से हमारा ऐप विद्याकुल डाउनलोड कर सकता है। इसमें स्टूडेंट को अपनी क्लास और भाषा चुननी होगी। इसके बाद पूरा ऐप स्टूडेंट के हिसाब से कस्टमाइज हो जाएगा।'

विद्याकुल पर 30-40% कंटेंट मुफ्त रहता है, लेकिन अगर कोई स्टूडेंट कंप्लीट कंटेंट जिसमें लाइव क्लासेस, टेस्ट, नोट्स और असाइनमेंट भी चाहता है तो वो 250 रुपए प्रति महीने देकर सालभर ट्यूशन ले सकता है।

स्टार्टः अपनी सेविंग्स से शुरू किया स्टार्टअप

विद्याकुल का आइडिया आने के बाद तरुण 2018 में ऑस्ट्रेलिया से भारत आ गए। वो बताते हैं, 'मैं यूपी, बिहार, गुजरात के दर्जनों स्कूलों में घूमा। वहां एजुकेशन की हालत बेहद खराब मिली। मैंने अपने आइडिया को कुछ दोस्तों से शेयर किया। उन्हें अच्छा लगा कि कैसे हम भारत के स्टूडेंट्स की मदद कर सकते हैं। नोएडा में मेरे

एक सर हैं उनके जरिए काफी मदद मिली।' तरुण ने अपनी सेविंग्स के दम पर शुरुआत करने का फैसला किया।

स्ट्रगलः 6 महीने तक नहीं मिली कोई फंडिंग

6 महीने में तरुण के करीब 15 लाख रुपए खर्च हो गए। फंडिंग को लेकर कोई सफलता नहीं मिल रही थी। एक वक्त तो ऐसा आया जब तरुण की हिम्मत जवाब देने लगी। वो बताते हैं, 'मुझे लगा अब सब बंद कर देना चाहिए। इन लोगों के बीच में मेरा कुछ नहीं हो सकता, लेकिन मैंने तय किया कि जब हार माननी ही है तो एक कदम और बढ़ाकर मानते हैं। इसी उम्मीद ने मुझे चलाए रखा।' अच्छी टीम बनाना भी मेरे लिए बड़ी चुनौती थी।

फंडिंगः 3.5 करोड़ रुपए जुटाए, इस साल 15 करोड़ टारगेट

फंडिंग को लेकर तरुण को 6 महीने बाद पहली अच्छी खबर मिली। अमेरिका की SOSV ने फंडिंग के लिए विद्याकुल को चुना। तरुण बताते हैं, 'उन्होंने स्टार्टअप का आइडिया, इम्पैक्ट और शुरुआती ग्रोथ देखी। इसके बाद JITO एंजल नेटवर्क, वी फाउंडर सर्कल से कुछ फंड जुटाए। अभी तक हमने 3.5 करोड़ रुपए जुटाए हैं। अगले महीने प्री सीरीज ए राउंड की फंडिंग है जिससे हमें काफी उम्मीदें हैं।'

टारगेटः स्टेट बोर्ड के लाखों स्टूडेंट तक पहुंचना

विद्याकुल ऐप पर 1 लाख से ज्यादा स्टूडेंट्स जुड़ चुके हैं। इसके अलावा पांच यूट्यूब चैनल भी हैं जहां स्टूडेंट्स के लिए स्टडी मटीरियल उपलब्ध कराया जाता है। इन पांच चैनल पर 30 लाख से ज्यादा यूजर बेस है। तरुण बताते हैं, 'हमारा मिशन है कि साल भर में हिंदी और गुजराती के 10 लाख बच्चे हमारे ऐप पर जुड़ें। इसके अलावा मराठी, तमिल, तेलुगु में भी हम अपने कोर्स शुरू करना चाहते हैं। इसके अलावा हम नए कोर्स, कैटेगरी और टीचर्स को अपने प्लेटफॉर्म पर जोड़ना चाहते हैं।'

ट्रैवल टेक स्टार्टअप

2020 में ट्रैवल टेक स्टार्टअप शुरू किया, दो महीने बाद लॉकडाउन लगा; नवंबर में दोबारा शुरू किया काम, 5 महीने में 2 करोड़ का बिजनेस

दीपक धायल और शाहवर हसन ने जनवरी 2020 में ट्रैवल टेक स्टार्टअप 'किंग हिल्स' की शुरुआत की थी।

- मध्य प्रदेश और राजस्थान के रहने वाले दो दोस्तों ने पंजाब में पढ़ाई के बाद शुरू किया था स्टार्टअप

- लॉकडाउन के सात महीनों में गूगल प्ले स्टोर पर ऐप की 1800 रु. फीस भरने तक के पैसे नहीं बचे थे

आज की कहानी है दो दोस्तों की। जो इंजीनियरिंग की पढ़ाई के दौरान जूनियर-सीनियर थे, लेकिन कॉलेज के बाद जब स्टार्टअप शुरू किया तो बराबर के हिस्सेदार बने। मूलतः मध्य प्रदेश के भोपाल से ताल्लुक रखने वाले 28 साल के शाहवर हसन और राजस्थान के सीकर के दीपक धायल ने पंजाब की लवली

प्रोफेशनल यूनिवर्सिटी से इंजीनियरिंग की पढ़ाई पूरी की। जनवरी 2020 में दोनों ने मिलकर 'किंग हिल्स' नाम से ट्रैवल टेक स्टार्टअप की शुरुआत की, लेकिन दो महीने बाद ही लॉकडाउन लग गया। तब तक वे महज डेढ़ लाख रुपए का बिजनेस ही कर पाए थे। इसके बाद सात महीनों तक उन्होंने अपने बिजनेस को बढ़ाने पर काफी रिसर्च की। इस बीच उनकी सेविंग्स भी खत्म हो गई। नवंबर 2020 में दोबारा बिजनेस की शुरुआत की। पहले तो घाटा उठाया, लेकिन अब वो इन पांच महीनों में भारत के तमाम टूरिस्ट डेस्टिनेशन के अलावा मालदीव्स और दुबई तक 3500 से अधिक लोगों को ट्रैवल करवा चुके हैं और 2 करोड़ रुपए का बिजनेस भी कर चुके हैं।

शाहवर और दीपक ने अपने इस ट्रैवल टेक स्टार्टअप में छोटे शहरों से डिपार्चर और ग्रुप बुकिंग पर फोकस किया।

गोल्फ कार्ट की मैन्युफैक्चरिंग से की शुरुआत

शाहवर ने साल 2015 में अपनी पढ़ाई पूरी कर ली थी, उस वक्त दीपक पढ़ाई कर रहे थे। दोनों को जॉब करने में कोई दिलचस्पी नहीं थी, क्योंकि उनका मानना था कि वो एक सीट पर बैठकर सुबह 10 से 5 की नौकरी नहीं कर सकते। लिहाजा,

दोनों ने साथ मिलकर गोल्फ कार्ट की मैन्युफैक्चरिंग कर उसे रेंट पर देने का काम शुरू किया।

शाहवर बताते हैं, 'हम गोल्फ कार्ट की मैन्युफैक्चरिंग करके उसे रेंट पर देते थे। करतारपुर कॉरिडोर के लिए हमने मिनिस्ट्री ऑफ होम को भी रेंट पर गोल्फ कार्ट दी हुई है। इसके अलावा कई बड़े-बड़े कैंपस में भी हमने गोल्फ कार्ट दी है। इस बिजनेस को करते हुए हमारे पास हॉलीडे पैकेज की इंक्वायरी आती थी। तो हमने सोचा कि चलो, ट्राई करते हैं। फिर सोचा कि देश में कई लोग ये काम कर रहे हैं तो हम इसमें अलग क्या करें। इसे लेकर हमने काफी विचार और रिसर्च की। हमने ग्रुप डिपार्चर पर फोकस किया, क्योंकि ये पॉकेट फ्रेंडली होते हैं और अच्छी सुविधाएं मिलती हैं। इसमें कंपनी के ट्रैवल मैनेजर, कंसल्टेंट टूरिस्ट के साथ जाते हैं। हमने देखा कि छोटे शहरों से ग्रुप डिपार्चर नहीं होते थे, कंपनियां टूरिस्ट को दिल्ली या मुम्बई बुलाकर वहां से डिपार्चर करती थीं। इसलिए हमने तय किया कि टूरिस्ट के शहर से ही डिपार्चर करेंगे और यहीं पर वापसी होगी। इसके अलावा हमने कपल स्पेशल के लिए अलग ग्रुप्स बनाए, फैमिली के लिए अलग और बैचलर्स के लिए अलग।'

इस ट्रैवल ऐप को टेक्नोलॉजी से जोड़ा गया, इसकी मदद से कोई भी व्यक्ति अपने प्रियजनों की सेफ्टी और सिक्योरिटी पुख्ता कर सकता है।

ट्रैवलिंग को टेक्नोलॉजी से जोड़ा

दीपक बताते हैं, '3 जनवरी 2020 को इस बिजनेस की शुरुआत की। हमने ट्रैवलिंग को टेक्नोलॉजी से जोड़ा, ताकि जब कोई घूमने निकले तो उसके पैरेंट्स, रिलेटिव्स या दोस्त उसकी सेफ्टी और सिक्योरिटी को लेकर निश्चिंत रहें। इसके लिए हमने अपने ऐप पर कुछ फीचर्स दिए हैं, जिससे आप उन्हें ट्रैक या मॉनिटर भी कर सकते हैं।'

ऐप के फीचर के बारे में दीपक बताते हैं, 'जब आप ऐप के जरिए कोई ट्रिप बुक करते हैं तो इसकी जानकारी ऑपरेशन टीम को जाती है, फिर आपको ट्रैवल मैनेजर असाइन होता है। यह ग्रुप की संख्या और जरूरत के मुताबिक वर्चुअल और फिजिकल दोनों मोड में उपलब्ध होता है। यह आपकी पैकिंग में मदद कराता है। मसलन, क्या रखना है, क्या नहीं रखना है। आपको जो गाड़ी या होटल अलॉट होता है वो भी ऐप पर ही दिखेगा। इसके साथ ही हर टूरिस्ट को एक शेयर कोड

अलॉट होता है, इसे आप अपनी फैमिली से शेयर करेंगे तो वो आपको इसी ऐप के जरिए आपकी लोके शन मॉनिटर कर सकेंगे।'

बिजनेस शुरू होने के दो महीने बाद ही लग गया था लॉकडाउन

शाहवर बताते हैं, 'जनवरी 2020 में हमने एक लाख रुपए की लागत से बिजनेस शुरू किया। यह पैसा ऐप बनवाने में खर्च हुआ था। जब हमने बिजनेस की शुरुआत की तो दो महीनों में बमुश्किल डेढ़ लाख रुपए का बिजनेस ही किया था। इस बीच लॉकडाउन की घोषणा हो गई और पूरा बिजनेस ठप हो गया। अप्रैल और इससे आगे की सभी बुकिंग कैंसिल की और कस्टमर को 100 प्रतिशत रिफंड देना पड़ा। 7 महीने तक जीरो बिजनेस रहा। हालांकि इस टाइम में हमने अपने स्टार्टअप को और बेहतर बनाने के तमाम आइडियाज पर काम किया। इन सात महीनों में हमारी सारी सेविंग्स खत्म हो गई थी। उस वक्त हमारे पास ऐप के लिए गूगल प्ले स्टोर की फीस (1800 रुपए) भरने तक के लिए पैसे नहीं बचे थे। इस बीच घरवालों ने कहा कि ट्रैवल इंडस्ट्री में अब अगले तीन-चार सालों तक कोई स्कोप नहीं है, इसलिए कुछ और करो या नौकरी करो, लेकिन मैं इसी बिजनेस को आगे बढ़ाना चाहता था।'

नवंबर 2020 में शाहवर और दीपक ने दोबारा बिजनेस शुरू किया है, इन पांच महीनों में वो 3500 से ज्यादा लोगों को ट्रैवल करा चुके हैं।

नवंबर में दोबारा शुरू किया बिजनेस, 5 महीनों में 2 करोड़ का बिजनेस किया

'10 नवंबर को जब हमने दोबारा अपना बिजनेस शुरू किया तो ये सोच कर किया कि अब आर या पार ही होगा। या तो हम खेल जाएंगे या इसे बंद कर देंगे। इस पर पूरा फोकस किया, लेकिन शुरुआत में हमें काफी घाटा हुआ, क्योंकि जब लोग बड़े ग्रुप में आते हैं तभी फायदा होता है, लेकिन हमने किसी भी कस्टमर को मना नहीं किया, भले ही हमें घाटा उठाना पड़ा हो, लेकिन हमने कोई भी ट्रिप कैंसिल नहीं की।'

'हमने होटल्स से टाइअप किया कि आपका पैसा थोड़ा-थोड़ा करके दे देंगे। चूंकि होटल इंडस्ट्री भी इतने समय से बंद रही थी तो वो भी तैयार हो गए। धीरे-धीरे लोगों ने जब हमारा काम के प्रति कमिटमेंट देखा तो वो प्रभावित हुए और इसके बाद कुछ लोगों ने हमारे बिजनेस को आगे बढ़ाने के लिए अलग-अलग शहरों में ब्रांच ऑफिस खोले और हमारे साथ काम करना शुरू किया। यही वजह रही कि इन पांच महीनों में हम 3500 से अधिक लोगों को ट्रैवल करा चुके हैं और 2 करोड़ रुपए का बिजनेस कर चुके हैं।'

शाहवर बताते हैं कि आज उनके भोपाल, इंदौर, रायपुर, जालंधर, लुधियाना, फगवाड़ा, अहमदाबाद, राजकोट, सूरत, जयपुर और सीकर में ब्रांच ऑफिस हैं, इसके अलावा अगले महीने दुबई में भी वो अपना एक ब्रांच ऑफिस खोलने की तैयारी में हैं। साथ ही अब कुछ इनवेस्टर्स को भी उनका आइडिया काफी पसंद आया है और वे उनके बिजनेस में इनवेस्ट करने के लिए तैयार हैं।

डोर-टू-डोर ऑनलाइन स्टार्टअप

लॉकडाउन में टूरिज्म का बिजनेस बंद हुआ तो डोर-टू-डोर सब्जियां और अनाज पहुंचाने का ऑनलाइन स्टार्टअप शुरू किया, अब हर महीने 5 लाख कमाई

कोरोनावायरस ने हमें जख्म तो बहुत दिए हैं, लेकिन साथ ही इसने हमें बहुत कुछ सिखाया भी है। मसलन मुश्किलों से जूझना, कुछ नया सोचना और फिर उसे इम्प्लीमेंट करने के बाद मुकाम तक ले जाना। यह सबकुछ कोरोना काल में हुआ है। कई लोग इसमें सफल हुए हैं। ऐसी ही कहानी है उत्तरप्रदेश के अलीगढ़ के रहने वाले विकल कुलश्रेष्ठ की। विकल अभी नोएडा और उसके आसपास के इलाकों में डोर टू डोर सब्जियां और राशन पहुंचाने का ऑनलाइन स्टार्टअप चला रहे हैं। हर दिन उनके पास करीब 100 ऑर्डर आ रहे हैं। इससे हर महीने उन्हें 4 से 5 लाख रुपए की कमाई हो रही है।

विकल ने हॉस्पिटैलिटी में मास्टर्स किया है। उनके पास जमा जमाया ट्रेवल एंड टूरिज्म का बिजनेस था। दो दशक से वे इस फील्ड में काम कर रहे थे, लेकिन पिछले साल जब कोरोना की वजह से लॉकडाउन लगा तो उनका काम बंद हो गया। कुछ दिनों तक उन्होंने इसे बहुत सीरियसली नहीं लिया। उन्हें लगा जल्द सबकुछ ठीक हो जाएगा, लेकिन जब लॉकडाउन बढ़ने लगा तो उन्हें आगे की चिंता सताने लगी।

ऑटो में सब्जियां पैक करके डिलीवरी के लिए जाते विकल की टीम के मेंबर।

एक बिजनेस बंद तो दूसरा शुरू

इसके बाद विकल ने अलग-अलग आइडिया के बारे में सोचना शुरू किया। उन्होंने थोड़ा वक्त लिया और हर तरह के सेक्टर और उनमें नया क्या कर सकते हैं इसको लेकर रिसर्च करना शुरू किया। इस दौरान उन्होंने महसूस किया कि कोरोना काल में कई लोगों को जरूरत की चीजें नहीं मिल पा रही हैं। किसी के पास राशन नहीं है तो कई लोग ऐसे भी हैं जिन्हें सब्जियां नहीं मिल पा रही हैं। ऐसे में इस सेक्टर में कुछ काम शुरू किया जा सकता है। जुलाई 2020 में विकल ने फार्मर्स फैमिली नाम से एक कंपनी रजिस्टर की और अपना काम करना शुरू कर दिया।

47 साल के विकल बताते हैं कि मैंने कभी खेती तो नहीं की थी, लेकिन मेरा इससे लगाव रहा था। खाली वक्त में गांवों में जाता था तो खेत पर भी जाता था। जो लोग खेती करते थे उनके काम को समझता था। उनसे चर्चा करता था। इसलिए मुझे लगा कि ये काम बहुत मुश्किल नहीं है। सब्जियां और राशन के सामान तो गांवों से मिल जाएंगे।

विकल अभी यूपी और उत्तराखंड में किसानों से कॉन्ट्रैक्ट फार्मिंग करवा रहे हैं। वे अपना प्रोडक्ट विकल को भेजते हैं।

इसके बाद विकल ने अपनी एक छोटी सी टीम बनाई। कुछ गांव के किसानों से टाइअप किया। कुछ महिला समूहों से बात की जो खुद से अलग-अलग तरह के प्रोडक्ट तैयार करती हों। फिर खुद की वेबसाइट बनाई। सोशल मीडिया पर पोस्ट किया। और काम करना शुरू कर दिया।

मार्केट डेवलप करना सबसे चैलेंजिग काम रहा

विकल कहते हैं कि काम शुरू करने के बाद सबसे मुश्किल टास्क रहा मार्केट में जगह बनाना और लोगों को यह समझाना कि हम बेहतर प्रोडक्ट प्रोवाइड कर रहे हैं। शुरू में लोगों को यकीन नहीं हो रहा था तो कुछ लोग ऐसे भी मिले जिन्हें प्रोडक्ट

पसंद आने के बाद भी वे बाजार से ही लेना पसंद करते थे, लेकिन हमने लगातार कोशिश जारी रखी और कामयाब भी हुए। हमने सोशल मीडिया पर कैम्पेनिंग की। इसके बाद खुद की वेबसाइट और ऐप लॉन्च किया। उसके बाद ऑर्डर्स की संख्या बढ़ने लगी।

क्या है मार्केटिंग मॉडल, कैसे काम करते हैं?

अभी विकल नोएडा और उसके आसपास के इलाकों में ही अपने प्रोडक्ट की सप्लाई कर रहे हैं। आने वाले दिनों में वे दूसरे शहरों में भी इसे शुरू करेंगे। उनके साथ 28 लोगों की टीम काम कर रही है।वे अभी तीन स्टेप्स में अपना काम कर रहे हैं। जो इस प्रकार है...

प्रोडक्ट की पैकेजिंग करते हुए विकल की टीम के लोग।
उनकी टीम में अभी 28 लोग काम करते हैं।

- कलेक्शन

विकल अभी उत्तराखंड और उत्तरप्रदेश में कुछ जगहों पर कॉन्ट्रैक्ट फार्मिंग करवा रहे हैं। इससे 400 के करीब किसान उनसे जुड़े हैं। वे इनके लिए सब्जियां और

अनाज उगाते हैं। खेत से प्रोडक्ट निकलने के साथ ही विकल गाड़ी भेजकर वहां से सब्जियां और अनाज उठा लेते हैं। इसके साथ ही कई ऐसे छोटे किसान हैं जो अपना प्रोडक्ट विकल के पास पहुंचाते हैं।

- **सेलेक्शन**

इसके बाद विकल की टीम प्रोडक्ट की क्वालिटी टेस्ट करती है, साफ-सफाई करती है और फिर उसकी अलग-अलग प्रोडक्ट और वैराइटी के हिसाब से पैकेजिंग की जाती है। जो प्रोडक्ट जल्दी खराब होने वाले होते हैं, उनकी पैकेजिंग के लिए विशेष सावधानियां रखी जाती हैं। उनके लिए अलग तरह के पैकेट्स भी इस्तेमाल किए जाते हैं।

ट्रैक्टर चलाते हुए विकल। विकल भले ही किसान परिवार से ताल्लुक नहीं रखते लेकिन खेती से उनका लगाव हमेशा से रहा है।

- **डिस्ट्रीब्यूशन**

जब विकल की टीम पैकेजिंग का काम कर लेती है तो डिस्ट्रीब्यूशन का काम शुरू होता है। इसके लिए उनकी टीम प्रोडक्ट और लोकेशन वाइज ऑर्डर को अलग-

अलग कैटेगरी में बांटती है और फिर उसके घर सामान पहुंचाया जाता है, जहां से ऑर्डर मिला होता है। विकल बताते हैं कि सोशल मीडिया या हमारी वेबसाइट या ऐप पर जाकर कोई अपनी मनपसंद प्रोडक्ट के लिए ऑर्डर कर सकता है। हमारी टीम चंद घंटों में प्रोडक्ट की सप्लाई कर देती है।

वर्मी कम्पोस्ट

निर्मल सिंह मल्टीनेशनल कंपनी की नौकरी छोड़ वर्मी कम्पोस्ट के स्टार्टअप से हर महीने लाख रु. कमा रहे; आप भी कर सकते हैं शुरुआत

वर्मी कम्पोस्ट या केंचुआ खाद के बारे में आपने जरूर सुना होगा। हाल के कुछ सालों में इसकी डिमांड बढ़ी है। ज्यादातर किसान केमिकल फर्टिलाइजर को छोड़कर ऑर्गेनिक खेती की तरफ रुख कर रहे हैं। ये किसान वर्मी कम्पोस्ट का ही इस्तेमाल कर रहे हैं। वर्मी कंपोस्ट फसलों के लिए तो अच्छा है ही, साथ ही अब यह करियर ग्रोथ में भी अहम भूमिका निभा रहा है। कई लोग बड़ी-बड़ी नौकरियां छोड़कर इस सेक्टर में आ रहे हैं।

ऐसे ही एक युवा एंटरप्रेन्योर हैं हरियाणा के करनाल जिले के रहने वाले निर्मल सिंह सिद्धू। वे एक किसान परिवार से ताल्लुक रखते हैं। उन्होंने कम्प्यूटर इंजीनियरिंग की पढ़ाई की है। तीन साल तक मल्टीनेशल कंपनी में जॉब भी किया, लेकिन अब वे वर्मी कम्पोस्ट का बिजनेस कर रहे हैं। दो साल पहले करनाल से शुरू हुआ

उनका बिजनेस आज धीरे-धीरे देशभर में फैल रहा है। अभी वे हर महीने इससे एक लाख रुपए से ज्यादा की कमाई कर रहे हैं।

33 साल के निर्मल सिंह बताते हैं कि इंजीनियरिंग के बाद कुछ सालों तक जॉब के लिए अप्लाई किया, लेकिन मनपसंद नौकरी नहीं मिली। चूंकि फैमिली बैकग्राउंड खेती का था, तो मैंने भी तय किया कि इधर-उधर भटकने से बेहतर है कि खुद की खेती संभाली जाए। तीन से चार साल तक मैंने खेती की। हालांकि यहां भी मैंने जितना सोचा था, उतना बढ़िया रिस्पॉन्स नहीं मिला। मंडियों के चक्कर काटने में मेरा वक्त निकल जाता था। मेरे प्रोडक्ट के सही दाम भी नहीं मिल रहे थे।

इसके बाद खेती से भी मेरा मन भर गया। और फिर से नौकरी की तलाश करने लगा। इसके बाद 2016 में एक मल्टीनेशनल कंपनी में मेरी नौकरी लग गई। यहां अच्छी-खासी सैलरी थी। हालांकि मैं अक्सर सोचते रहता था कि कुछ अपना शुरू किया जाए। इसके बाद 2019 में गांव लौट गया और वर्मी कम्पोस्ट बनाने का काम करने लगा।

मेरठ से केंचुआ लाया, ट्रेनिंग ली फिर शुरुआत की

निर्मल सिंह ने कुछ इंटरनेट के जरिये तो कुछ एक्सपर्ट से मिलकर वर्मी कम्पोस्ट बनाने के बारे में जानकारी जुटाई। इसके बाद मेरठ के एक किसान से उन्होंने केंचुआ खरीदा और दो-चार बेड के साथ इसकी शुरुआत की। कुछ ही महीनों में इसके अच्छे रिजल्ट देखने को मिलने लगे। इसके बाद उन्होंने बेडों की संख्या बढ़ानी शुरू की। अभी उनके पास आधा एकड़ जमीन में 100 से ज्यादा बेड हैं। आने वाले दिनों में वे बेडों की संख्या 200 से आगे ले जाने वाले हैं।

निर्मल बताते हैं कि अभी हर महीने 300 क्विंटल खाद हम तैयार कर रहे हैं। जिसे हम हरियाणा के साथ-साथ दूसरे राज्यों में भी सप्लाई कर रहे हैं। कई लोग ऑनलाइन मीडियम से भी ऑर्डर करते हैं। खाद के साथ ही मैं केंचुए का भी बिजनेस कर रहा हूं। इससे भी अच्छी कमाई हो जाती है।

बेड की लंबाई कितनी हो, गोबर और केंचुए का अनुपात क्या होना चाहिए?

इसके लिए कोई तय पैरामीटर नहीं है। किसान अपनी जरूरत के हिसाब से बेड की लंबाई रख सकता है, लेकिन उसे ध्यान रखना होगा कि उसी अनुपात में उसके

पास मटेरियल भी होना चाहिए। अमूमन एक फिट लंबे बेड के लिए 50 किलो गोबर की जरूरत होती है। अगर हम 30 फीट लंबा बेड बना रहे हैं तो हमें 1500 किलो गोबर और 30 किलो केंचुआ चाहिए।

अगर आपके पास गोबर की उपलब्धता कम है, तो आप 30 फीसदी गोबर और बाकी घासफूस या ऐसी कोई भी चीज मिला सकते हैं, जो आसानी से सड़ सके। एक फुट के बेड के लिए एक किलो केंचुए की जरूरत होती है। अगर केंचुआ कम होगा, तो खाद तैयार होने में वक्त ज्यादा लगेगा। पर्याप्त तौर पर सभी चीजें मिलाने के बाद 30 फीट लंबे बेड से खाद बनने में एक महीने का वक्त लगता है। वर्मी कम्पोस्ट बनने के बाद ऊपर से खाद निकाल ली जाती है और नीचे जो बचता है, उसमें केंचुए होते हैं। वहां से जरूरत के हिसाब से केंचुए निकालकर दूसरे बेड पर डाले जा सकते हैं। ऐसा करने से बार-बार केंचुआ खरीदने की जरूरत नहीं होती है।

केंचुए की कई प्रजातियां होती हैं। जिनका अलग-अलग प्रोडक्शन रेट रहता है। निर्मल जिस केंचुए का इस्तेमाल करते हैं वो ऑस्ट्रेलियाई आइसोनिया फेटिडा है। यह एक दिन में एक किलो गोबर खाता है और वह डबल भी हो जाता है। यानी जो

लोग खाद के साथ केंचुए का बिजनेस करना चाहते हैं, उनके लिए यह बेहतर विकल्प है।

कहां ले सकते हैं ट्रेनिंग, कहां से खरीदें केंचुआ?

निर्मल सिंह खुद भी वर्मी कम्पोस्ट बनाने की ट्रेनिंग मुफ्त में देते हैं। उनकी तरह देश के दूसरे हिस्सों में भी कई किसान इसकी ट्रेनिंग देते हैं। इसके साथ ही नजदीकी कृषि विज्ञान केंद्र से भी इसके बारे में जानकारी ली जा सकती है। शुरुआती तौर पर खाद तैयार करने वाले से या कृषि विज्ञान केंद्र से भी बहुत ही कम कीमत पर केंचुए की खरीदी आप कर सकते हैं।

कम लागत में ज्यादा मुनाफा कैसे कमाएं?

निर्मल केंचुआ खाद बनाने के साथ-साथ किसानों को खाद बनाने की ट्रेनिंग भी देते हैं। इसके लिए वे किसी से कोई चार्ज नहीं लेते हैं। जो किसान इसका बिजनेस शुरू करना चाहता है तो उसे वे केंचुआ उपलब्ध भी कराते हैं। हां, अगर कोई बल्क में लेना चाहता है तो उससे वे चार्ज लेते हैं। उनके मुताबिक वर्मी कम्पोस्ट तैयार करने के लिए बहुत ज्यादा लागत की जरूरत नहीं होती है। बहुत कम लागत से इसकी शुरुआत की जा सकती है। उनके मुताबिक पहले एक बेड से शुरुआत करनी चाहिए। वो बेड तैयार हो जाए, तो उसी के केंचुए से दूसरी और फिर ऐसे करके तीसरी, चौथी बेड तैयार करनी चाहिए।

फूड स्टॉल

25 हजार इंवेस्ट कर बिजनेस शुरू किया, लेकिन फायदा नहीं हुआ, फिर ग्राहकों ने ही बताया क्या बेचो; अब महीने की 35 हजार कमाई

श्वेता के पास नौकरी करने का भी ऑप्शन था लेकिन उन्होंने अपने सपने को पूरा करने के लिए बिजनेस को चुना।

- इंदौर की श्वेता वैद्य ने जब फूड स्टॉल लगाने का सोचा, तब उनके पास काम का कोई एक्सपीरियंस नहीं था, मजबूरी में शुरू करना पड़ा था बिजनेस

- शुरू के बीस दिन ग्राहक मिलना मुश्किल हो गए थे, फिर पड़ोस में लगने वाले फूड स्टॉल को देखकर आया नया आयटम रखने का आइडिया

- श्वेता के पास जॉब करने का भी विकल्प था, लेकिन उन्होंने खुद का कुछ सेट करने का सोचा और बढ़ गईं आगे

कुछ लोग विपरीत परिस्थितियों में टूट जाते हैं, तो कुछ इन्हीं हालातों में एक ऐसा रास्ता तैयार करते हैं, जो उनकी जिंदगी ही बदल देता है। इंदौर की श्वेता वैद्य का

बिजनेस करने का कोई प्लान नहीं था, लेकिन पति की अर्निंग कम होने के बाद हालात ऐसे बने कि कुछ करना उनकी मजबूरी हो गई। श्वेता ने न हारी मानी, न डरीं। बल्कि जितना पैसा था, उससे एक फूड स्टॉल लगाया और बिजनेस शुरू कर दिया। पहले 40 दिनों में ही जितना पैसा लगाया था, वो निकल गया और इसके बाद हर माह 30 से 35 हजार रुपए की बचत होने लगी। पढ़िए श्वेता की सक्सेस स्टोरी।

पति की अर्निंग कम हो गई थी, इसलिए सोचा कि अब कुछ करना ही पड़ेगा...

मैंने मुंबई यूनिवर्सिटी से मैनेजमेंट की पढ़ाई की है। शादी के बाद इंदौर आ गई। कुछ समय बाद बच्चों की जिम्मेदारी आ गई तो कभी अपने करियर को लेकर कुछ सोचने का वक्त ही नहीं मिल सका। पति बिजनेसमैन हैं। वो आईटी से जुड़ा कामकाज करते हैं। मैं अपने पारिवारिक कामों में बिजी थी लेकिन 2015 से 2017 के बीच हमें काफी दिक्कतों का सामना करना पड़ा। मेरे पति की बिजनेस से होने वाली अर्निंग काफी कम हो गई थी। सेविंग्स खत्म हो रहीं थीं। दो छोटे बच्चे हैं। तब सोचा कि अब कुछ न कुछ करना ही होगा। मैंने पहले नौकरी भी की है। इसलिए मेरे पास दोबारा नौकरी करने का भी ऑप्शन था, मगर मन में लगा कि भले ही छोटा हो लेकिन कुछ अपना ही सेट करना चाहिए। कई दिनों तक सोचती रही कि क्या कर सकती हूं। फिर दिमाग में आया कि क्यों न फूड स्टॉल लगाया जाए। मेरी खाने में रुचि भी है और मुंबई में रहने के दौरान मैं अक्सर सोचा करती थी कि काश मेरा भी कोई कैफे हो।

श्वेता ने जब स्टॉल शुरू किया था, तब उन्हें इस काम का कोई एक्सपीरियंस नहीं था। पराठे शुरू करने का आइडिया उन्हें ग्राहकों से ही मिला।

स्टॉल लगाने का सोच तो लिया लेकिन क्या बेचूंगी? कैसे बेचूंगी? ये सब नहीं पता था। मेरी सासु मां पूरन पोली बहुत अच्छी बनाती थीं। उन्होंने कहा कि तुम पूरन पोली का ही स्टॉल क्यों नहीं शुरू करतीं। ये मार्केट में सब जगह मिलती भी नहीं और हमारी यूएसपी बन सकती है। बस फिर ये तय हो गया कि पूरन पोली का स्टॉल लगाएंगे। फिर सवाल आया कि, कहां लगाएं। पति ने कहा, इंदौर का सराफा एक ऐसा बाजार है, जहां हमेशा भीड़ होती है। इसलिए हमें वहीं स्टॉल लगाना चाहिए। उन्होंने अपने कॉन्टैक्ट से एक तीन फीट चौड़ी और इतनी ही लंबी जगह किराये पर ले ली।

फिर हमने उस जगह के हिसाब से एक ठेला कस्टमाइज करवाया। चूल्हा, बर्तन और जो जरूरी सामान था वो सब खरीदा। इन सब में 25 हजार रुपए खर्च हुए। हमने 2018 में नवरात्रि से अपने बिजनेस की शुरुआत कर दी। पूरन पोली सासु मां ही बनाया करती थीं क्योंकि वो इसमें एक्सपर्ट थीं। तब मैं उनसे सीख रही थी कि

मैं कैसे बना सकती हूं। शुरू में हमें अच्छा रिस्पॉन्स नहीं मिला। स्टॉल पर लोग आते तो थे लेकिन पूरन पोली अधिकतर को पसंद नहीं थी। कई लोग तो पूरन पोली को पराठा समझकर आ जाते थे। दो-तीन हफ्तों तक ऐसा ही चलते रहा। ग्राहकी बिल्कुल नहीं हो रही थी। मैं पास के स्टॉल पर देखती थी, वहां खूब भीड़ लगती थी। वो पराठे का स्टॉल था। लोग एक-एक घंटे का इंतजार करके पराठे खाते थे। मुझसे कई कस्टमर कहते थे कि आप पराठे क्यों नहीं रखतीं।

श्वेता कहती हैं पूरन पोली के ग्राहक कम थे, लेकिन पराठे के ग्राहक बहुत थे। इसलिए हमने पूरा फोकस टेस्टी पराठे देने पर किया।

मार्केट की डिमांड देखते हुए मैंने स्टॉल शुरू होने के 20 दिन बाद ही पराठे लॉन्च कर दिए। आलू, पनीर, मिक्स, चीज जैसे पराठे हम देने लगे। पराठे बनाते मुझे पहले से आते थे। कुछ चीजें मैंने ऑब्जर्व भी कीं। पराठे शुरू होते ही धंधे ने रफ्तार पकड़ ली। इसके एक महीने बाद ही हमने जितना पैसा लगाया था वो पूरा वापस आ गया। फिर 2019 में पति अपने बिजनेस में लौट गए और मैं स्टॉल संभालने लगी। मैं रात में 9 से 2 बजे तक स्टॉल पर रहती थी। साथ में एक हेल्पर और एक कुक भी होता था। दिन में दो-तीन घंटे तैयारियों में जाते थे। इसके साथ में मैं पूरन पोली भी रखती रही क्योंकि यही हमारी यूएसपी थी। कुछ लोग पूरन पोली खाने भी आते थे।

**दूसरे महीने से ही हर माह 30 से 35 हजार रुपए की
इनकम होने लगी थी।**

हमें दूसरे महीने से ही 30 से 35 हजार रुपए की बचत होने लगी। यह बचत जगह का किराया और दो लोगों की सैलरी देने के बाद की है। कुछ समय बाद मैंने अपने ब्रांड को स्वीगी और जोमैटो पर भी एक्टिव कर दिया। स्वीगी से हमें काफी ऑर्डर मिलने लगे और ब्रांडिंग भी होने लगी। ये ऑर्डर दिन के होते थे। रात में हम सराफा में होते थे। सब बढ़िया चल रहा था, तभी लॉकडाउन लग गया और सब बंद हो गया। हालांकि अब एक बार फिर सराफा शुरू हो चुका है और मैं फिर से अपना स्टॉल शुरू करने जा रही हूं। इस बार एक्सपीरियंस भी है और टीम भी है। कस्टमर्स की डिमांड के हिसाब से हम अपना मैन्यू बदलते रहेंगे। हमने कस्टमर्स की डिमांड पूरी की, तभी उन्होंने हमें इतना अच्छा रिस्पॉन्स दिया। आखिरी में यही कहना चाहती हूं कि, कठिन दौर आए तो कभी घबराएं नहीं बल्कि आप क्या कर सकते हैं, ये सोचें। हम कदम आगे बढ़ाते हैं, तो कुछ न कुछ जरूर कर जाते हैं।

एक क्लिक-ट्यूटर हाजिर

मोबाइल पर एक क्लिक और 60 सेकेंड में ट्यूटर हाजिर; दो IITians अपने स्टार्टअप से आसान बना रहे पढ़ाई

स्टार्टअप सीरीज में हम ऐसे स्टार्टअप्स के बारे में बता रहे हैं जिनका आइडिया इनोवेटिव है और जो चुनौतियों के बावजूद अच्छी ग्रोथ दिखा रहे हैं। आज बात फिलो ऐप की, जो स्टूडेंट को सेल्फ स्टडी के दौरान होने वाली समस्याओं के समाधान का दावा करता है।

श्रीनगर की राइज इंस्टीट्यूट में पढ़ाते वक्त इम्बेसात अहमद अपने स्टूडेंट से बात करते तो अक्सर बच्चों की एक ही शिकायत रहती थी। 'सर, आप तो इस टॉपिक पर पहुंच गए हम अभी तीन-चार टॉपिक पीछे ही अटके हुए हैं।' कई बार उन्हें रात 12 बजे भी स्टूडेंट प्रॉब्लम भेज देते थे। जल्द ही इम्बेसात को एहसास हो गया कि भले ही स्टूडेंट स्कूल जाते हैं, कोचिंग जाते हैं, इसके बावजूद उन्हें घर पर पढ़ते वक्त एक साथी की जरूरत होती है जो प्रॉब्लम में उलझने पर फौरन उनकी मदद कर सके। यहीं से इम्बेसात को 'Filo' का आइडिया आया।

आइडियाः स्टूडेंट्स के सेल्फ स्टडी का साथी

Filo एक मोबाइल ऐप है जो एंड्रॉयड और iOS में मौजूद है। स्टार्टअप का दावा है कि इस ऐप पर कोई भी स्टूडेंट किसी भी वक्त किसी भी सब्जेक्ट की प्रॉब्लम शेयर कर सकता है। 60 सेकेंड के अंदर एक ट्यूटर वीडियो कॉल पर आएगा और उस प्रॉब्लम को सॉल्व करने में स्टूडेंट की मदद करेगा। फिलहाल इस ऐप पर स्टूडेंट के लिए 15 मिनट की कॉल मुफ्त है। अगर स्टूडेंट को उससे ज्यादा की जरूरत है तो एक दिन, एक महीने या एक साल का सब्सक्रिप्शन ले सकते हैं।

स्टार्टः इम्बेसात को मिला शादमान का साथ

पटना के रहने वाले इम्बेसात ने अभयानंद सुपर 30 से JEE की तैयारी की। उनका सेलेक्शन IIT खड़गपुर में हुआ। इम्बेसात को हमेशा से पढ़ाने का शौक था उन्होंने कॉलेज के बाद श्रीनगर के RISE इंस्टीट्यूट में पढ़ाना शुरू किया। यहीं पर Filo का कॉन्सेप्ट तैयार किया।

इम्बेसात बताते हैं, 'इसे लाखों लोगों तक पहुंचाने के लिए एक प्रोडक्ट बनाने की जरूरत थी। इसके लिए मेरे दिमाग में पहला नाम शादमान अनवर का आया। शादमान मेरे स्कूल और सुपर 30 के सीनियर रहे हैं फिर IIT दिल्ली चले गए। टेक्नोलॉजी सेक्टर में उन्होंने खूब काम किया है। मैंने शादमान से बात की। वो इसके लिए तैयार हो गए। मैं उस वक्त कश्मीर में था। एक फ्लाइट लेकर सीधा दिल्ली आ गया।'

स्ट्रगलः शून्य से हजारों स्टूडेंट्स तक का सफर

इम्बेसात ने बताया, 'सबसे मुश्किल होता है प्रोडक्ट को बनाना। हमने एक और दोस्त को अपने साथ जुड़ने के लिए तैयार किया। अगली समस्या थी प्रोडक्ट को स्टूडेंट तक पैसे पहुंचाएं। हमने आईआईटी से इंटर्न हायर किए उन्होंने स्टूडेंट कम्युनिटी तक इसे पहुंचाया। जिस दिन Filo का पहला ट्रायल था उस दिन 3 कॉल आई थी। अगली समस्या ट्यूटर जोड़ने की थी क्योंकि फ्री में कोई कब तक पढ़ाएगा। इसके लिए हमने प्रति मिनट के हिसाब से पेमेंट करनी शुरू की।'

इम्बेसात बताते हैं, 'लॉकडाउन के बाद मुझे सैलरी मिलनी भी बंद हो गई थी। ऐसे में मैंने फिलो ऐप के लिए अपने पिछले दो साल की पूरी सेविंग लगा दी। ट्यूटर्स को पैसा देते वक्त मैं अपना बैंक बैलेंस भी देख रहा था क्योंकि उसमें पैसे बहुत सीमित थे।'

फंडिंगः बेटर कैपिटल से मिले 1.80 करोड़ रुपए

Filo ऐप को बेटर कैपिटल से फरवरी 2021 में करीब 1.80 करोड़ रुपए की फंडिंग मिली। इसकी कहानी भी रोचक है। इम्बेसात बताते हैं, 'बेटर कैपिटल के वैभव से हमारी मुलाकात हुई। हमने उन्हें अपना प्रोडक्ट शेयर किया तो उन्होंने कहा कि मुझे दो दिन का वक्त दो और अब इस प्रोडक्ट के बारे में किसी से बात मत करना। अगले दो दिन में उन्होंने मुझसे प्रोडक्ट, इसके प्लान से जुड़े 500 से ज्यादा सवाल पूछे। पूरी तरह संतुष्ट होकर हामी भरी। उसके बाद हमने कंपनी रजिस्टर करवाई और फाइनली फरवरी में हमें चेक मिला।'

टारगेटः अभी रोजाना 4-5 हजार कॉल, प्रोडक्ट की मजबूती पर फोकस

Filo के पास अभी 4 फुलटाइम कर्मचारी, 4 इंटर्न और 3 फ्रीलांसर हैं। अक्टूबर 2020 में लॉन्चिंग के बाद पिछले पांच महीने में Filo के साथ 70 हजार से ज्यादा स्टूडेंट जुड़े हैं। इस ऐप पर करीब 25 लाख मिनट की क्लास पूरी हुई है। रोजाना औसतन 4-5 हजार स्टूडेंट की कॉल आती हैं। इस प्लेटफॉर्म पर 6 हजार ट्यूटर रजिस्टर्ड हैं जिनमें से 1500 से 2000 एक्टिव हैं।

इम्बेसात कहते हैं फंडिंग का इस्तेमाल सबसे पहले ट्यूटर को पैसे देने में किया जाएगा। उसके बाद प्रोडक्ट बनाने वाली टीम पर भी पैसे खर्च होंगे। ट्यूटर के लिए सरकारी और प्राइवेट स्कूल के टीचर्स से भी कनेक्ट करने की योजना है। अगले राउंड की फंडिंग के लिए भी कोशिश शुरू हो गई है।

इम्बेसात कहते हैं, 'फिलो एक ग्रीक शब्द है जिसका मतलब होता है दोस्त। फिलो आपका एक दोस्त है जो आपको अकेला फील नहीं होने देगा। जब भी जरूरत हो बस मोबाइल में टैप कीजिए और आपका दोस्त हाजिर।'